Indigene Soziale Arbeit. Analyse am Beispiel einer nationalen Nichtregierungsorganisation (NGO) in Bolivien

Marlene Lisa Bachem

Bibliografische Information der Deutschen Nationalbibliothek:

Die Deutsche Nationalbibliothek verzeichnet diese Publikation in der Deutschen Nationalbibliografie; detaillierte bibliografische Daten sind im Internet über http://dnb.d-nb.de abrufbar.

ISBN: 9783346874900
Dieses Buch ist auch als E-Book erhältlich.

Indigene Soziale Arbeit

Analyse am Beispiel einer nationalen Nichtregierungsorganisation (NGO) in Bolivien

Indigenous Social Work

Analysis using the example of a national Non-Governmental Organization (NGO) in Bolivia

Bachelorarbeit im Studiengang Soziale Arbeit

Fachhochschule Vorarlberg GmbH

Ausgeführt von

Marlene Bachem

Dornbirn, im März 2022

Kurzreferat

Diese Bachelorarbeit wurde im Rahmen des Studiengangs Soziale Arbeit an der Fachhochschule Vorarlberg verfasst. Sie stellt einen wissenschaftlichen und praxisorientierten Beitrag zur Analyse und Konzeptualisierung Indigener Sozialer Arbeit dar. Dabei bezieht sie sich in ihrer wissenschaftlichen Fragestellung anhand der Untersuchung einer nationalen Nichtregierungsorganisation (NGO) in Bolivien, in der die Verfasserin ihr Berufspraktikum leistete, auf relevante Aspekte für den Transfer von Theorie zur Praxis. Betrachtet hierbei wird die Arbeitsweise und Professionsethik dieser und anderer NGOs, die Mandate, die dabei erfüllt werden und die Erreichbarkeit indigener Völker. Es finden sich zahlreiche plastische Praxisbeispiele, die im Zusammenhang mit dem theoretischen Dach verschiedener ausgewählter WissenschaftlerInnen zu einem Denkmodell für Indigene Soziale Arbeit führen. Des Weiteren werden im Fazit unter anderem Herausforderungen an die (Indigene) Soziale Arbeit und Verbesserungsvorschläge für NGOs dargelegt. Die Autorin geht bei ihrer Leserschaft von einem Grundverständnis von Sozialer Arbeit aus. Englische und spanische Begriffe, die sie übernimmt, werden von ihr übersetzt.

Schlagwörter: Indigenität, Internationale Soziale Arbeit (ISA), Globaler Sozialer Dialog (GSD), Tripelmandat, globale (Verteilungs-)Gerechtigkeit, Befreiungspädagogik, Allgemeine Erklärung der Menschenrechte (AEMR)

Abstract

This Bachelor Thesis was written as part of the Social Work Program at the University of Applied Sciences Vorarlberg. It represents a scientific and practice-oriented contribution to the analysis and conceptualization of Indigenous Social Work. In its scientific questioning, it refers to relevant aspects for the transfer of theory to practice by examining a national Non-Governmental Organization (NGO) in Bolivia, where the author did her professional internship. The work methods and professional ethics of this and other NGOs, the mandates that are fulfilled and the accessibility of indigenous peoples are examined. There are numerous vivid practical examples which, in connection with the theoretical umbrella of various selected scholars, lead to a model of thought for Indigenous Social Work. Furthermore, in the conclusion, challenges for (Indigenous) Social Work and suggestions for improvement for NGOs are presented. The author assumes that her readers have a basic understanding of Social Work. English and Spanish terms that she adopts are translated by her.

Keywords: indigeneity, International Social Work (ISA), Global Social Dialogue (GSD), triple mandate, global (distributive) justice, liberation pedagogy, Universal Declaration of Human Rights (UDHR)

Inhaltsverzeichnis

1. Einleitung

„[...] as revealed by the over-representation of indigenous people in all areas of social work and in all countries (Alston-O'Connor 2010; Weaver 2005: 72f.). Yet, mainstream social work is hardly active in areas where indigenous groups see the core of their understanding of self-determination, namely in the political and socio-political dimension."[1]

Dieses Zitat beschreibt anschaulich die persönlichen Beobachtungen und Erfahrungen der Autorin vorliegender Bachelorarbeit, die sie im Zuge ihres Berufspraktikums als Teil des Studiums Sozialer Arbeit an der Fachhochschule Vorarlberg, im Institut für menschliche Entwicklung (IDH – Instituto para el Desarrollo Humano[2]) in Cochabamba, Bolivien im Zeitraum von Oktober 2021 bis Februar 2022 machen durfte. Außerdem konnten weitere, sozialarbeiterisch relevante Eindrücke durch das alltägliche Leben in Bolivien, durch Reisen und Arbeiten, durch Fortbildungsseminare sowie das Zusammenleben mit einer einheimischen Familie und dem Besuch einer Sprachschule im September 2021 gesammelt werden.

Der Bezug zu obigem Zitat ergibt sich aus dem Umstand der plurinationalen bolivianischen Bevölkerungszusammensetzung mit dem höchsten Anteil indigener Bevölkerung aller Länder Südamerikas.[3] An dieser Stelle möchte die Autorin zum besseren Verständnis das vorangestellte Zitat zusammenfassen und in den Kontext indigener Lebenswelten stellen. Wie oben beschrieben, sind indigene Individuen sowie ihre Gemeinschaften mit Multiproblemlagen konfrontiert und haben öfter und ausgeprägter mit, mehr als andere „Bevölkerungsschichten", sozial existenziellen Problemen zu kämpfen. Paradoxerweise aber ist indigenes Klientel in allen Ländern weltweit mit indigenen Bevölkerungsgruppen eine häufig nicht berücksichtigte Zielgruppe sozialarbeiterischer Interventionen.

Diese Tatsache und das langjährige Interesse der Autorin an grenzüberschreitenden Zukunftsthemen verbunden mit ihrer Kritik an der eurozentristischen Verhaftung der Internationalen Sozialen Arbeit (ISA), verstanden als weltweite Soziale Arbeit, und ihr Interesse an unterdrückten Minderheiten sowie aussterbenden Völkern als Teil ethnografischer Zielgruppen, führten zu der Idee vorliegender wissenschaftlicher Arbeit und den daraus resultierenden Fragestellungen.

---

[1] Straub, Ute; Rott, Gerhard; Lutz, Ronald (Hrsg.) (2020), S. 120
[2] Webseite: Online im Internet: URL: https://www.idhbolivia.org/ (Zugriff am 21.01.2022)
[3] Albiston, Isabel; Grosberg, Michael; Johanson, Mark (2019), S.333

Um die Ausgangslage aufzuzeigen, verständlicher zu machen und einen Einstieg für LeserInnen zu schaffen wird in Kapitel 2 die ISA vorangestellt, in der Absicht geschichtlich bis heute relevante Aspekte ihrer selbst zu zeichnen, überleitend zu vorab unumgänglichen Begriffsexplikationen. Im Unterkapitel 2.1 analysiert die Autorin die spezielle Ausgangslage im Plurinationalen Staat Bolivien[4] anhand der W-Fragen Kaspar Geisers (2015). Im zweiten Unterkapitel erweitert sie die Perspektive auf Länder weltweit mit indigener Bevölkerung. Die wissenschaftliche Fragestellung, der Kern vorliegender schriftlicher Arbeit, wird in Kapitel 3 genannt und unter anderem anhand der nationalen Nichtregierungsorganisation (NGO) IDH weiter- bzw. ausgeführt, um in Kapitel 3.1 die benötigten Begriffsexplikationen zu erläutern. In Kapitel 4 wird der theoretische Überbau unterteilt in 4 Unterkapitel vorgestellt. Der Fokus in Kapitel 4.1 liegt auf der ‚Sozialen Arbeit als Handlungswissenschaft' und ‚als Menschenrechtsprofession' nach Silvia Staub-Bernasconi (2007, 2019), wohingegen die übrigen 3 Unterkapitel unterteilt werden in Makro-, Meso- und Mikroebene, abgeleitet von verschiedenen Theorien, Konzepten und Ansätzen. Um den Bezug von Theorie zur Praxis, wie sie in Kapitel 7 aufgegriffen wird, zu schaffen, analysiert die Autorin die eigene Praktikumsstelle in Kapitel 5. Die zugehörigen Unterkapitel führen von der Ressourcenorientierung über andere verwendbare Methoden in einer Indigenen Sozialen Arbeit zu nachhaltigen Interventionen als bleibende Verbesserung. Zur Ausweitung der lokalen Sichtweise auf internationale Perspektiven wird in Kapitel 6 die internationale Praxis einer Indigenen Sozialen Arbeit behandelt. Die Ansätze des Sozialen Dialogs und der Internationalen Vernetzung werden in den jeweiligen Unterkapiteln aufgegriffen. Ethische Dilemmata in der Praxis Indigener Sozialer Arbeit werden im Zuge des Transfers von Theorie zur Praxis (Kapitel 7 und zugehörige Unterkapitel) miteinbezogen. Die Beantwortung der eigenen wissenschaftlichen Forschungsfrage im 8. Kapitel ergibt sich aus der Bewertung des IDHs, der Entwicklung eigener Vorschläge und führt im Unterkapitel 10.1 zu einer ansatzweisen Konzeptualisierung Indigener Sozialer Arbeit. Zuvor wird jedoch im 9. Kapitel ein notwendiger Exkurs über Eurozentrismus dargelegt. Im letzten Kapitel werden die unterschiedlichen Aspekte für ein Fazit zusammengeführt und in Unterkapitel 10.2 findet sich das Schlusswort.

Da wenig Literatur und Forschung zu dem ausgewählten Thema bestehen, werden Beispiele aus anderen Ländern miteinbezogen. Die Autorin verwendet diese Beispiele im Abgleich zu Bolivien, um Schlüsse zu ziehen, aber auch um Indigene Soziale Arbeit zu konkretisieren, vom individuellen Fall, im Sinne eines allgemeinverwendbaren Konzeptes Indigener Sozialer Arbeit, anpassbar auf lokale Besonderheiten.

---

[4] Estado Plurinacional de Bolivia (Eigenbezeichnung des bolivianischen Staates)

2. Beschreibung der Ausgangslage

Die ISA hat eine lange Tradition. Jedoch sind die Beiträge und Konzepte in der ISA bis heute mehr oder weniger fokussiert auf den Globalen Norden. „Eine Internationalisierung, in der sich die Länder des Globalen Nordens und des Globalen Südens auf Augenhöhe begegnen, steht noch aus (Straub 2015)."[5]

Mit diesem Einleitungssatz möchte die Autorin den für eine Indigene Soziale Arbeit relevanten Kritikpunkt an der ISA zur Geltung bringen. Zudem besteht die Problematik, dass die ISA zigfach unterschiedlich konzeptualisiert wurde und auch nicht von der ‚einen Theorie der ISA' gesprochen werden kann.[6] Deswegen wird die Autorin an dieser Stelle eine für sie und für eine Indigene Soziale Arbeit notwendige und nutzbare Explikation der ISA darstellen. Auf Basis der theoretischen Ausführungen Silvia Staub-Bernasconis (2007, 2019) lässt sich feststellen, dass eine Gesellschaft und ungerechte Machtverhältnisse nur global gedacht werden können. Außerdem sind Soziale Probleme nur global zu verstehen. Das bedeutet entweder, dass ein Soziales Problem, welches auf der Mikroebene auftritt, seine Gründe auf der Makroebene hat oder aber, dass ein individuelles Soziales Problem zu Schwierigkeiten für die Weltgesellschaft führen kann. In dieser Blickweise sind nationale Gesellschaften also immer in Interaktion mit anderen nationalen Gesellschaften zu verstehen. So fassen Gunther Graßhoff, Hans Günther Homfeldt und Wolfgang Schröer M. Gray (2016) zusammen: „Soziale Arbeit benötige eine neue Politik, um auf die weltweiten sozialen Ungleichheiten durch wirtschaftliche „global players" antworten zu können, nicht zuletzt auch in Bezug auf indigene Bevölkerungsgruppierungen."[7] „Oder pointiert formuliert: „Indigenous Peoples represent the unfinished business of decolonization" (Gray/Webb 2013, S. 7)."[8] Anders gesagt: Alle, die immer noch unter den Folgen des Kolonialismus leiden, sind indigen. Mit dieser Überleitung möchte die Autorin hervorheben, dass die ISA immer Kritik an einer eurozentristischen Perspektive, am Neokolonialismus und an ungleichen globalen Machtverhältnissen üben muss. Um dies zu erreichen, besteht eine Soziale Arbeit international gesehen aus Kooperationen, Dachverbänden, Netzwerkarbeit, der Allgemeinen Erklärung der Menschenrechte (AEMR), Gleichheit in der Lehre Sozialer Arbeit, usw., woraus eben auch die globale Definition Sozialer Arbeit entstanden ist. Hinzugekommen ist 2014 zu eben jener Definition das indigene Wissen, woran deutlich wird, dass Indigenität nun explizit als Zuständigkeitsbereich der (Internationalen)

---

[5] Wagner, Leonie; Lutz, Ronald; Rehklau, Christine; Ross, Friso (Hrsg.) (2018), S. 22
[6] Vgl. Wagner, Leonie; Lutz, Ronald; Rehklau, Christine; Ross, Friso (Hrsg.) (2018)
[7] Graßhoff, Gunther; Homfeldt, Hans Günther; Schröer, Wolfgang (2016), S. 61
[8] Graßhoff, Gunther; Homfeldt, Hans Günther; Schröer, Wolfgang (2016), S. 61-62

Sozialen Arbeit genannt wird. Allerdings ist Indigene Soziale Arbeit immer der ISA zuzuordnen, so eine vertretene Ansicht der Autorin. Zur Verbesserung der Stellung indigener Bevölkerungsgruppen, wo auch immer, sei es nun im nationalen Kontext, oder im globalen Wissensdiskurs, oder auch anderen internationalen Kontexten, zu verhelfen, kann nur aus der ISA heraus bzw. nur im Bereich der ISA interveniert werden, so die These.[9]

In der zeitlichen Rückschau zur ISA sind folgende drei Begriffe zu nennen: Entwicklungshilfe, Entwicklungszusammenarbeit und Globaler Sozialer Dialog (GSD). Ein großer Teil der ISA war von Anfang an die Entwicklungshilfe. Dieser Begriff ist mittlerweile veraltet und mit negativen Konnotationen behaftet, da er den Blick ‚des reichen Nordens auf den armen Süden' transportiert. In der Praxis bedeutet das, ein reicheres Land gewährt ‚gütig' eine meist finanzielle Unterstützung, die nur gestattet wird, wenn bestimmte, auferlegte Bedingungen vom Empfängerland erfüllt werden. Wir befinden uns hierbei in einer Perspektive, in der Nationalstaaten und ihre Grenzen als berechtigt und unveränderbar angesehen werden. Die (Sozialen) Probleme eines jeweiligen Staates sind auch die Verantwortung dieses Staates. Hierbei wird völlig außen vorgelassen, dass das Geberland die Parameter für den Zustand des Entwickelt-Seins definiert und dem ‚ärmeren Land überstülpt', demnach die Ziele einer gelungenen Entwicklung vorgibt. Historisch globale Verstrickungen, wie die Folgen des Kolonialismus, existieren in dieser Sichtweise nicht, sind quasi eine Black Box. Dadurch trägt Entwicklungshilfe häufig zu einer Verschlechterung von Lebensumständen bei. Durch Reflexionen im Globalen Norden über den eigenen Neokolonialismus und die Begrenztheit der Wirksamkeit seiner Entwicklungshilfen entstand der Ansatz der Entwicklungszusammenarbeit. Dabei geht man per se von einer Kooperation aus, in der auch das Empfängerland seinen Bedarf selbst definieren darf. Allerdings wurde nicht erkannt, dass ein vom Globalen Norden definierter Entwicklungsbegriff eine Marginalisierung und Unterdrückung des Globalen Südens darstellt.[10] Dieser Ansatz bestimmt bis heute die ISA, somit auch die Indigene Soziale Arbeit und wird erst nach und nach, wenn überhaupt, zum Begriff GSD umgewandelt. Noch während meines Studiums hat sich das Internationale Büro der Fachhochschule Wien von der Begrifflichkeit Entwicklungszusammenarbeit verabschiedet und diese durch den Begriff Global Social Dialogue[11] (GSD) ersetzt, um ihr Auslandspraktikaprogramm für österreichische HochschülerInnen zu benennen.[12] Im GSD arbeiten verschiedene

---

[9] Vgl. Staeuble, Irmingard (2010)
[10] Vgl. Riebe, Thomas (2001), S. 14-18; Vgl. Bendix, Daniel; Kiesel, Timo (2010)
[11] Globaler Sozialer Dialog, übersetzt von der Autorin
[12] Webseite: Online im Internet: URL: https://globalsocialdialog.at/ (Zugriff am 28.03.2022)

Institutionen und Professionelle in der internationalen Kooperation auf Augenhöhe mit allen Beteiligten an ein und demselben Sozialen Problem. Die Soziale Diagnose wird hierbei im Dialog definiert, sowie auch die daraus resultierenden Interventionen gemeinsam entschieden und getragen werden. Dieser Austausch wird an jeder Stelle des Prozesses als gegenseitige Befruchtung und Bereicherung erlebt. Auch eine Indigene Soziale Arbeit kann nur durch einen Sozialen Dialog auf der Ebene der gegenseitigen Wertschätzung und des Voneinander-Lernens gelingen.[13]

Die Stigmatisierung indigener Bevölkerungen im globalen wissenschaftlichen Literaturdiskurs und das Erkennen dieser Marginalisierung führte zu einer regelrechten Welle von Indigenisierung der Sozialwissenschaften und ihren Handlungsfeldern. Die Soziale Arbeit, als eine der Sozialwissenschaften, zog nach. Allerdings konzentrierte sich diese Veränderung ausschließlich auf den Globalen Norden. Im Positiven, um den eigenen Eurozentrismus zu erkennen und auszumerzen, Lebensumstände einzelner Bevölkerungsgruppen zu verbessern und sich indigenes Wissen und indigene Lebensansichten anzueignen. Im Negativen führte dies zur Umwandlung indigener Lebenskonzepte, zugeschnitten auf Bedürfnisse westlicher Gesellschaften und zur Annahme, dass die einseitige Veränderung europäischer Theorien und Methoden Sozialer Arbeit, auch ihrer Bezugswissenschaften, zu einer funktionierenden Indigenen Sozialen Arbeit führen würde. Die Fragestellung der Notwendigkeit der Indigenisierung von Sozialwissenschaften bleibt kontrovers, da es hier nicht um die billige Adaption indigenen Wissens und indigener Lebensansätze geht, um diese für uns nutzbar zu machen. Ausgeblieben ist im Diskurs um die Indigenisierung Sozialer Arbeit die Konzeptualisierung einer universellen Indigenen Sozialen Arbeit.[14]

Außerdem wichtig zur Beschreibung der Ausgangslage sind folgende Begriffe und ihre Kontexte: Indigenität, indigenes Volk, indigenes Wissen. „Der Begriff „Indigene Völker" („indigenous peoples") wurde erstmals 1986 vom UN-Sonderberichterstatter José Martínez-Cobo verwendet und bedeutet in etwa „in ein Land geboren". Eine völkerrechtlich verbindliche Definition gibt es nicht. Als indigene Völker werden meist die Nachfahren der Erstbewohnerinnen und -bewohner einer Region bezeichnet, welche das gegenwärtige Territorium eines Landes bereits bewohnten, bevor Menschen mit einer anderen Kultur oder aus anderen Teilen der Welt dort ankamen."[15] Indigenes Volk wird verstanden als eine Menge von indigenen Menschen, die in einer Gemeinschaft

---

[13] Besuch der Autorin eines Vorbereitungsseminars des Internationalen Büros der Fachhochschule Wien für ihren Auslandsaufenthalt und ihr Berufspraktikum im März 2022
[14] Vgl. Huang, Yunong; Zhang, Xiong (2008); Vgl. Straub, Ute; Rott, Gerhard; Lutz, Ronald (Hrsg.) (2020), S. 12-13
[15] Bundeszentrale für politische Bildung (Hrsg.) (2019, Aug. 5)

sprachlich und kulturell miteinander verbunden sind und sich als indigen definieren. Die Bezeichnung Indigenität wird in dieser Bachelorarbeit als die Identität indigener Menschen verstanden. Indigenes Wissen ist die Summe aller Erfahrungen früherer und heutiger Generationen, die mündlich überliefert, durch Bräuche, Rituale, Symbole, Handwerk und Kunst, sowie Arbeitsweisen weitergegeben und erhalten werden. Das Verständnis und die (Re-)Produktion von Wissen unter indigenen Bevölkerungen ist im Vergleich zum Wissenssystem des Globalen Nordens, und mittlerweile auch des bürgerlichen Globalen Südens, kontrovers und nicht zugänglich. Hierbei ist zu bedenken, dass das globale Verständnis von Wissenschaftlichkeit seitens des Globalen Nordens im Zuge des Kolonialismus definiert wurde und bis heute wird.[16]

2.1 Gesellschaftlicher Kontext für Indigene Soziale Arbeit am Beispiel Boliviens

Die Beschreibung der Ausgangslage stützt sich in beiden Unterkapiteln überwiegend auf die Verwendung einiger W-Fragen[17] nach Kaspar Geiser (2015), deren Kenntnis die Autorin voraussetzt. „Ausgangslage ist in der Regel die Feststellung eines praktischen Problems als Beschreibungsanlass."[18] Hierfür werden die Situationsanalyse (Phase 1) und die Bewertung und Problembestimmung (Phase 2) verwendet. Diese Methode wird nicht im theoretischen Überbau dieser Arbeit ausgeführt, allerdings ist sie, nach Meinung der Autorin, nutzbar und zielführend in einer Indigenen Sozialen Arbeit, vor allem zur Erreichung einer Klarheit über die Ausgangslage und zur gelungenen Auftragsklärung.

Anhand der Beschreibung einiger Fakten (WAS?) stellt sich die gegenwärtige Situation in Bolivien dar. 2019 sind 20 Prozent der BolivianerInnen als indigen erfasst, 70 weitere Prozent werden als MestizInnen gezählt, 1 Prozent als AfroamerikanerInnen und 4 Prozent sind anderer Herkunft. Somit sind lediglich 5 Prozent der bolivianischen Bevölkerung sogenannte ‚Weiße', das bedeutet mit ‚westlichem' Hintergrund.[19] Allerdings lassen sich keine verlässlichen statistischen Zahlen benennen, da es erstens darauf ankommt, ob sich MestizInnen als indigen identifizieren und zweitens nicht bekannt ist, wonach in Umfragen gefragt wird. Das heißt, geht es nun um die eigene Identifikation oder die biologische Abstammung? So sprechen Quellen von 2002 bis

---

[16] Vgl. Spatscheck, Christian; Steckelberg, Claudia (Hrsg.) (2018), S. 109-112
[17] Geiser, Kaspar (2015), S. 292-307
[18] Geiser, Kaspar (2015), S. 292
[19] Albiston, Isabel; Grosberg, Michael; Johanson, Mark (2019), S. 321

heute von 60 bis 70 Prozent indigener Bevölkerung in Bolivien[20] und meinen damit „Nachfahren der Urbevölkerung, überwiegend der Aymara und Quechua[21]."[22] Hierbei werden auch MestizInnen miteinbezogen. Außerdem wird vom nationalen Statistikinstitut[23] die Aufteilung in die verschiedenen Ethnien nicht getroffen.[24]

WOHER? 1531 wurde die indigene, heutige bolivianische Bevölkerung von den Spaniern unter Francisco Pizarro kolonialisiert und in den folgenden Jahrzenten vom christlichen Glauben missioniert. Der Befreiungskampf Boliviens endete 1825 mit der Unabhängigkeitserklärung von Sucre[25].[26] Im Dezember 2005 wählten die BolivianerInnen ihren ersten indigenen Präsidenten, Evo Morales Ayma, welcher bis 2019, als er ins Exil nach Brasilien vertrieben wurde, sein Amt ausübte. In seiner Regierungszeit trug er entscheidend zu Verbesserung der Lebensumstände und politischen Stärkung der indigenen BolivianerInnen bei[27] und führte die dafür nötigen Gesetze und Institutionen ein. Nicht alles davon war nachhaltig und wurde teilweise gar nicht erst umgesetzt.[28] So hat sich in den letzten Jahren beispielsweise die Arbeitslosenquote von 2018 auf 2020 verdoppelt.[29]

WARUM bestehen die Sozialen Probleme? Bolivien ist ein Land der Gegensätze. 2019 lebten 37,2 Prozent unterhalb der nationalen Armutsgrenze, die sich geschätzt aus Haushaltsbefragungen ergab. Dabei betrug 2014 die ländliche Armutsquote 57,6 Prozent und die Städtische 30,6 Prozent.[30] Diese Daten belegen, dass aufgrund der sehr unterschiedlichen geografischen und klimatischen Verhältnisse im Land, sowie der großen Spanne von Arm und Reich zwischen der ruralen und urbanen Bevölkerung, sich Armutsverhältnisse besonders in lokalen Bevölkerungsgruppen finden, somit überwiegend der indigenen Bevölkerung. Zudem lassen sich weitere Soziale Probleme konstatieren, wie die tief einschneidenden Auswirkungen des globalen Klimawandels, sich zeigend in massiven Überschwemmungen und Dürren, sowie gewaltigen Erosionen infolge von Rodungen und Abholzungen, dem Raubabbau der Bodenschätze Boliviens, meist von internationalen neoliberalistischen Großkonzernen in undurchsichtigen

---

[20] Schwarzbauer, Annette (2004), S. 79; Albiston, Isabel; Grosberg, Michael; Johanson, Mark (2019), S. 333
[21] Die Aymara und Quechua sind die größten der 39 indigenen Bevölkerungsgruppen im Plurinationalen Staat Bolivien. (Albiston; Grosberg; Johanson 2019, S. 321)
[22] Bolivien.de (Hrsg.) (o. D.)
[23] Instituto Nacional de Estadística
[24] Vgl. Instituto Nacional de Estadística (Hrsg.) (o. D.)
[25] Offizielle Hauptstadt Boliviens (Botschaft des Plurinationalen Staates von Bolivien in Berlin 2013, S. 12)
[26] Albiston, Isabel; Grosberg, Michael; Johanson, Mark (2019), S. 323-325
[27] Vgl. Pongratz, Serena (2016)
[28] Albiston, Isabel; Grosberg, Michael; Johanson, Mark (2019), S. 329-330
[29] Knoema (Hrsg.) (o. D.)
[30] Knoema (Hrsg.) (o. D.)

Kooperationen mit der dünnen reichen Oberschicht Boliviens,[31] der hohen Staatsverschuldung des Landes, insbesondere gegenüber den Vereinigten Staaten (USA)[32], der maroden und sozial ungerecht verteilten Strom- und Wasserversorgung sowie Ausbeutung und Verschmutzung des Grundwassers[33]. Darüber hinaus bestehen hohe sprachliche Barrieren auf beiden Seiten, zwischen Institutionen und Indigenen, sowie aktuell die Auswirkungen der rechtlichen Reglementierungen aufgrund der Coronapandemie[34].

WOHIN führt die oben dargestellte Situation? Wahrnehmbare Folgen sind: Identitätsverlust unter Indigenen (Verlust der Indigenität), Landraub[35] bei und Landflucht von Indigenen, Verlust von indigenem Lebensraum, Leben an den ungesündesten, ungünstigsten Orten der Welt,[36] Zunahme (gewalttätiger) politischer Konflikte,[37] Spaltung der bolivianischen Gesellschaft, Ausgrenzung und Marginalisierung indigener Bevölkerungsgruppen,[38] weitere Zerstörung von Lebensraum und Umwelt, Missachtung und Verletzung der Allgemeinen Erklärung der Menschenrechte der Vereinten Nationen von 1948 (AEMR),[39] globale Ungleichheit, Kindersterblichkeit, Verschärfung der Armut, Verlust von Entwicklungspotential für Individuen,[40] aber auch die gesamte Gesellschaft und autodestruktives Verhalten auf Mikroebene nimmt zu[41]. Diese Aufzählung ist bei weitem nicht vollständig und erhebt diesen Anspruch auch nicht.

2.2   Erweiterung der Perspektive auf Länder weltweit mit indigener Bevölkerung

„Weltweit werden laut den Vereinten Nationen rund 370 Millionen Menschen indigenen Bevölkerungsgruppen zugerechnet."[42] Diese verteilen sich laut Schätzung mit ihren 5000 unterschiedlichen Kulturen auf etwa 90 Staaten der Welt.[43] „Sie machen knapp 5 Prozent der Weltbevölkerung aus. Von den 7000 gesprochenen Sprachen weltweit

---

[31] Vgl. Seufert, Jonas; Marcel, Siepmann (2021)
[32] Vgl. Bertelli, Michele; Lill, Felix; Sauras, Javier (2015)
[33] Vgl. Wojczenko, Katharina (2021)
[34] Vgl. Buwembo, Joachim (2022); Vgl. Kleibl, Tanja; Lutz, Ronald (2020)
[35] Land Grabbing; „globale Jagd auf Ackerland" (Langbein 2015, Klappentext); „die Auswirkungen dieses Beutezugs zeichnen das bestürzende Bild eines modernen Kolonialismus" (Langbein 2015, Klappentext)
[36] Vgl. Andert, Mareike (2022)
[37] Vgl. Maron, Nicole (2017)
[38] Vgl. Ebert, Matthias (2021)
[39] Vgl. Maron, Nicole (2018)
[40] Vgl. Humanium (Hrsg.) (o. D.)
[41] Vgl. Albiston, Isabel; Grosberg, Michael; Johanson, Mark (2019), S. 331-336
[42] Bundeszentrale für politische Bildung (Hrsg.) (2019)
[43] Bundeszentrale für politische Bildung (Hrsg.) (2019)

werden mehr als 4000 von indigenen Völkern gesprochen."[44] Um die Rechte und ihre existenziellen Lebensräume indigener Bevölkerungen zu schützen, verabschiedeten die Vereinten Nationen 2007 eine Erklärung über die Rechte der indigenen Völker[45] (UNDRIP[46]) und erinnern seit 1994 jedes Jahr am 9. August an die marginalisierte Stellung indigener Völker in der globalen Machtstruktur.[47] Allerdings ist die „Erklärung der Vereinten Nationen über die Rechte der indigenen Völker"[48] rechtlich nicht bindend.[49]

Ebenso wie am Beispiel Boliviens führen oben genannte Faktoren zu einer sich immer weiter verschärfenden Verschlechterung der Lebenssituationen indigener Bevölkerungsgruppen bis hin zum Aussterben ganzer Völker und dem Verlust ihres kulturellen Erbes. Als Gründe lassen sich hier beispielhaft die Zugangsbarrieren im Bildungs- und Gesundheitssystem, die wirtschaftliche Ausbeutung indigenen Wissens[50], Biopiraterie[51] sowie Marginalisierung nennen.

Somit kommt die Autorin zu der von ihr bis hierhin letzten verwendeten W-Fragen, die die Ausgangslage bewertet, indem sie nach dem WAS (NICHT) GUT IST frägt.

„2010 wurde in Cochabamba die „Weltkonferenz der Völker über den Klimawandel und die Rechte der Mutter Erde" abgehalten [...]. [...] Hier wurde der „Vorschlag für eine allgemeine Erklärung der Rechte der Mutter Erde" verfasst und verabschiedet [...]."[52] Hierzu kam es nur, da indigene Völker ihre Stimme erhoben hatten und ihr legitimes Mitspracherecht vehement einforderten. Außerdem wurden 1981 die afrikanische Banjul-Charta der Menschenrechte und Rechte der Völker sowie darauffolgend weltweit andere Menschrechtserklärungen von Staaten bzw. Kontinenten mit indigener Bevölkerung etabliert.[53] Daran lässt sich das entstehende, weltweit vernetzte Sich-bewusst- und Aktiv-Werden indigener Bevölkerungsgruppen erkennen, nicht zuletzt deswegen, da sie häufig über traditionelles medizinisches Wissen verfügen, dieses pflegen und weitergeben und andere Bevölkerungsgruppen auch von anderen Wissensbereichen indigener Völker lernen können.[54] Indigene Lebenskonzepte, wie Buen Vivir[55] aus Südamerika oder Ubuntu aus Südafrika finden Beachtung in der

---

[44] Bundeszentrale für politische Bildung (Hrsg.) (2019)
[45] United Nations (Hrsg.) (2007)
[46] United Nations Declaration on the Rights of Indigenous Peoples
[47] Vgl. Bundeszentrale für politische Bildung (Hrsg.) (2019)
[48] Bundeszentrale für politische Bildung (Hrsg.) (2019)
[49] Bundeszentrale für politische Bildung (Hrsg.) (2019)
[50] Vgl. THERAPIERBAR Vorarlberg (Hrsg.) (2021/22), S. 32-33
[51] „bedeutet, dass genetische oder biologische Ressourcen patentiert und genutzt werden ohne die Zustimmung des Herkunftslandes oder der lokalen Gemeinschaften und indigenen Völker, die die Ressourcen bisher züchteten und nutzten" (Nilles; Then 2003)
[52] Sólon, Pablo; u. a. (2018), S. 175
[53] Staub-Bernasconi, Silvia (2019), S. 120
[54] Vgl. Abé, Nicola (2021)
[55] Gutes Leben, übersetzt von der Autorin

Bewertung Sozialer Probleme und Sozialer Konstrukte. Das andine Lebenskonzept des Buen Vivir wird im theoretischen Überbau (Kapitel 4) vorgestellt, in dessen Zuge die Autorin auch das afrikanische Gesellschaftskonzept Ubuntu aufgreift.

Jedoch, wie oben ausführlich aufgezeigt, bleibt die Stellung der globalen indigenen Bevölkerung prekär und sie kämpfen immer noch verzweifelt und oft vergeblich für den Erhalt ihrer Lebensweisen und -räume sowie die Anerkennung ihrer Rechte und Unabhängigkeiten.[56] Daraus ergibt sich die wissenschaftliche Fragestellung dieser Bachelorarbeit, denn: „„Was soll das Gerede von Brüderlichkeit (Schwesterlichkeit, StB) und Gleichheit, wenn man kein Recht hat, diese Rede in der Hilfsbeziehung umzusetzen?" (Jane Addams 1902)"[57]

3. Wissenschaftliche Fragestellung

Vorab weist die Autorin darauf hin, dass die für das Verständnis der wissenschaftlichen Fragestellung und der diesbezüglichen Ausführungen relevanten Begriffsexplikationen im Unterkapitel 3.1 zu finden sind.

Bezogen auf obiges Zitat einer bekannten Sozialarbeitspionierin tragen wir als Weltgesellschaft alle miteinander, ob nun als BewohnerInnen des Globalen Nordens oder des Globalen Südens die Verantwortung für die Erfüllung der (universalen) AEMR und für eine globale (Verteilungs-)Gerechtigkeit[58]. Im Besonderen die Soziale Arbeit, ob als Disziplin oder Profession, und über die Grenzen der eigenen nationalen, sozialen, kulturellen oder historischen Zugehörigkeiten hinaus steht im Sinne ihrer Professionsethik laut der globalen Definition Sozialer Arbeit der International Federation of Social Workers[59] (IFSW) von 2014 für: „„[...] eine praxisbasierte Profession und eine akademische Disziplin, die sozialen Wandel und Entwicklung, sozialen Zusammenhalt und Empowerment, und die Befreiung von Menschen fördert. Prinzipien sozialer Gerechtigkeit, Menschenrechte, kollektive Verantwortlichkeit und Respekt für Diversität sind zentral für die Soziale Arbeit. Untermauert [...] durch Theorien Sozialer Arbeit, Sozial- und Humanwissenschaften sowie indigenes Wissen, engagiert Soziale Arbeit

---

[56] Vgl. Lill, Felix (2016); Vgl. Meier, Eva-Christina (2020); Vgl. Ströbele-Gregor, Juliana (2006)
[57] Staub-Bernasconi, Silvia (2019), S. 83
[58] Staub-Bernasconi, Silvia (2007, 2019); weitere Ausführungen hierzu in Unterkapitel 4.1
[59] Internationale Vereinigung der SozialarbeiterInnen, übersetzt von der Autorin

Menschen und Strukturen [...]." [...]."[60] Dies führt die Autorin zu folgender wissenschaftlicher Fragestellung.

Wie kann eine Nichtregierungsorganisation (NGO) aus Perspektive Sozialer Arbeit mit(-hilfe) ihrer (ihr eigenen) Arbeitsweise und Professionsethik zur Verbesserung der Lebensverhältnisse indigener Bevölkerung beitragen, welche Mandate erfüllt sie dabei und wie können indigene Bevölkerungsgruppen erreicht werden?

Hierbei geht es der Autorin, wie anhand ihres Inhaltsverzeichnisses ersichtlich wird, um die Analyse einer beispielhaften nationalen NGO, dem IDH in Cochabamba. Diese Analyse geschieht im Hinblick auf die Konzeptualisierung einer universalen Indigenen Sozialen Arbeit. Außerdem beinhalten die wissenschaftlichen Schlussfolgerungen die Auftrags- sprich Gegenstandsklärung der Disziplin und Profession Sozialer Arbeit in einer Indigenen Sozialen Arbeit im Hinblick auf die Mandate Sozialer Arbeit und einen gelingenden Sozialen Dialog. Bezugnehmend auf obige wissenschaftliche Fragestellung und die Arbeitsweise des IDH ergebenden Analyse resultieren folgende Fragen, aus denen sich im Weiteren die Begriffsexplikationen für diese Bachelorarbeit herauskristallisieren.

Inwieweit wird indigenes Wissen in der dargestellten NGO (IDH) genutzt und inwieweit wird dort Indigenität überhaupt berücksichtigt? Was bedeutet das für eine Implementierung und Umsetzung (Indigener) Sozialer Arbeit? Was ist die Rolle und der Auftrag hierbei an die (Indigene) Soziale Arbeit oder NGO? Was sind die Herausforderungen dabei für die (Indigene) Soziale Arbeit oder NGO? Was bedeutet ‚indigenes Wissen' in der globalen Definition Sozialer Arbeit? Welche Anteile indigener Lebensweisen können für die (Indigene) Soziale Arbeit fruchtbar gemacht werden und inwieweit können Ansätze (europäischer) Sozialer Arbeit verwendet werden? Welche Dilemmata entstehen aus der AEMR sowie aus der UNDRIP und des lokalen Gewohnheitsrechts[61]?

3.1   Begriffsexplikationen

Die in diesem Unterkapitel aufgeführten Begriffsexplikationen bezieht die Autorin schon auf ihren theoretischen Überbau (Kapitel 4) und leitet diese zur Konzeptualisierung einer Indigenen Sozialen Arbeit hin. In diesem Sinne werden lokale Besonderheiten fokussiert.

---

[60] Spatschek, Christian; Steckelberg, Claudia (Hrsg.) (2018), S. 181
[61] Rechtssystem indigener Völker; Vgl. Lateinamerika Nachrichten e.V. (Hrsg.) (2012)

Die Non-Governmental Organizations[62] (*NGOs*) sind Zusammenschlüsse von Menschen, die einen Missstand, sei es die HIV-Pandemie, Gewalt gegen Frauen, etc. erkannt und sich gemeinsam das Ziel gesetzt haben diesen zu beseitigen. NGOs lassen sich unterscheiden in internationale, nationale und lokale NGOs. Hier ist zu erwähnen, dass es aber viele andere Organisationsformen gibt, wie beispielsweise Vereine, Missionen, Gremien, Behörden, etc., die sich auch mit Sozialen Problemen beschäftigen. Der Unterschied liegt darin, dass alle NGOs unabhängig von politischen Vorgängen, staatlichen Vorgaben und finanziellen Mitteln, soweit möglich, agieren und sich von anderen Institutionsarten abgrenzen. Das Problem allerdings ist die stetige Beschaffung finanzieller Mittel, fernab von Verträgen und politischen Vorgaben. Die Autorin wird in dieser Arbeit allein soziale NGOs miteinbeziehen, obwohl es auch ökologische, politische und andere NGOs gibt und sich diese Formen oft vermischen. Eine internationale NGO (INGO) handelt auf globaler Ebene, in sozialarbeiterischem Verständnis auf der Makroebene, betreibt politische Öffentlichkeitsarbeit und fehlende Forschungen, ist häufig mit anderen großen INGOs und nationalen NGOs breit vernetzt und versucht hinunter bis zur lokalen NGO eine Kettenkooperation aufzubauen, im Sinne einer Verteilung finanzieller Mittel nach dem Top-Down Prinzip[63]. Aus diesem Grund wird die Autorin INGOs nur am Rande berücksichtigen, da sie von der Effizienz dieser nicht überzeugt ist und es zigfache ‚Negativbeispiele' ihrer Arbeit im Empfängerland gibt. So führen manche Interventionen INGOs zur Verschlechterung anstatt zur Verbesserung der Sozialen Probleme, nicht zuletzt deswegen, weil zu häufig die Ansätze der Entwicklungshilfe oder -zusammenarbeit vertreten werden und kein Wissen um lokale Besonderheiten vorhanden ist. Außerdem können INGOs negativ in die schon vorhandenen lokalen Organisationsstrukturen eingreifen, so zum Beispiel bei der ungerechten Verteilung internationaler finanzieller Mittel unter lokalen NGOs.[64] Ohne auf die erhebliche wissenschaftliche, politische und finanzielle Bedeutung von INGOs näher einzugehen, da dies den Rahmen dieser Arbeit sprengen würde, beschränkt sich die kritische Sichtweise hier eher auf häufig beobachtbare negative Auswirkungen. Jedoch möchte die Autorin auch auf die Wichtigkeit internationaler Organisationen, nicht nur INGOs, hinweisen, ohne die es keine höhere Stellen gäbe, an die sich Betroffene wenden könnten, im Sinne von Wächterämtern bzw. verstanden als Ombudsstellen. Hierbei spricht sie von internationalen Dachverbänden[65], dem Internationalen

---

[62] Nichtregierungsorganisationen
[63] Nähere Ausführungen hierzu sind in Unterkapitel 4.2 zu finden
[64] Vgl. Rothenberger, Stella (2021), S. 186, 357; Vgl. Narayan, Deepa (1995)
[65] Z.B. IFSW; International Association of Schools of Social Work (IASSW); Coordinadora de las Organizaciones Indígenas de la Cuenca Amazónica (COICA – Koordinierungsstelle der indigenen Organisationen des Amazonasbeckens – gegründet 1984 in der peruanischen Hauptstadt Lima), Webseite: Online im Internet: URL: https://coicamazonia.org/ (Zugriff am 28.03.2022)

Gerichtshof (IGH), oder zum Beispiel einer Organisation wie Ärzte ohne Grenzen (MSF – Médecins Sans Frontières). Nationale und lokale NGOs unterscheiden sich insofern, dass eine nationale NGO, wie das IDH, durch internationale Vernetzung einen leichteren Zugang zu finanzieller Unterstützung hat, in der breiten Mehrheitsgesellschaft verankert ist und ihre Gegenstände der Sozialen Arbeit und anderer Professionen in Projekten selbst definiert. Im Gegensatz zu einer lokalen NGO passt sie ihr Angebot nicht an die Betroffenen mithilfe einem Sozialen Dialog an. Auch sie arbeiten häufig nach dem Top-Down Prinzip.[66] Lokale NGOs entstehen oft spontan vor Ort aus lokalen Notlagen heraus, die zusammen mit den Betroffenen bearbeitet werden, unter Verwendung des Bottom-Up Prinzips[67] und des Community-based Developments[68]. Meist arbeiten in lokalen NGOs weniger MitarbeiterInnen, dafür aber Kultursensible, da sie dort beheimatet und vertraut mit den spezifischen Lebensformen sind. Bedauerlicherweise leiden lokale NGOs nicht selten an finanziellen Engpässen, werden von INGOs bei ebenjener Verteilung finanzieller Mittel übergangen. Sie verfügen auch nicht über die personellen und organisatorischen Mittel seitenlange Berichte ihrer vollendeten Projekte an GeldgeberInnen zu verfassen und festgesetzte Bedingungen zu erfüllen. Im Grunde stehen die INGOs, die nationalen NGOs und die lokalen NGOs von oben herab hierarchisch miteinander in Beziehung. So können INGOs den Einfluss und die Macht nationaler NGOs massiv eingrenzen, sowie es eben auch zwischen nationalen und lokalen NGOs auftritt.[69]

Die *eigene Arbeitsweise und Professionsethik Sozialer Arbeit* ergeben sich aus der obig zitierten globalen Definition Sozialer Arbeit, der theoretischen Ausführung inklusive zugehöriger Methoden (Kapitel 4), der AEMR und an anderer Stelle erklärte Menschenrechte, sowie die Menschenwürde und Soziale Gerechtigkeit. Die letzten beiden Prinzipien sind in den ethischen Standards der IFSW und IASSW seit 2004 bindend festgelegt[70] und werden fortlaufend überarbeitet.[71] Die Mandate Sozialer Arbeit, wie sie in der wissenschaftlichen Fragestellung der Autorin erfragt werden, werden in Kapitel 4 erläutert.

Bei der Aussage *Verbesserung der Lebensverhältnisse indigener Bevölkerung* geht es sowohl um die Verbesserung der individuellen Lebensumstände als auch

---

[66] Persönliche Erfahrung der Autorin im Zuge ihres Berufspraktikums
[67] Nähere Ausführungen hierzu sind im Unterkapitel 4.2 zu finden
[68] Entwicklung basierend auf Gemeinschaft, frei übersetzt von der Autorin; nähere Ausführungen hierzu sind im Unterkapitel 4.3 zu finden
[69] Vgl. Rothenberger, Stella (2021), S. 262-372
[70] IFSW; IASSW (Hrsg.) (2004)
[71] IASSW (Hrsg.) (2018)

Veränderungen im Gemeinwesen sowie institutioneller Strukturen, und eben auch um den Ausgleich (globaler) Machtverhältnisse.

Das in den Unterfragen aufkommende Phänomen des *lokalen Gewohnheitsrechts* bezieht sich auf ein indigenes Rechtssystem, welches vom jeweiligen indigenen Volk individuell selbst entwickelt wurde und worauf beharrt wird. Durch Evo Morales Ayma wurde das Nebeneinander-Bestehen eines staatlichen und eines indigenen Justizsystems in Bolivien, innerhalb gewisser Grenzen, 2009 legalisiert und akzeptiert.[72] In anderen Ländern besteht genauso lokales Gewohnheitsrecht, jedoch meist illegal.[73] Eine umfassendere Darstellung findet sich in den Unterkapiteln 4.3 und 7.2.

4. Erläuterung des theoretischen Überbaus

Das Dach meines theoretischen Überbaus ergibt sich aus den wissenschaftlichen Arbeiten Silvia Staub-Bernasconis (2007, 2019), welche sich aus der Perspektive des Realismus heraus, im Gegensatz zum Konstruktivismus, begründen. Dabei wird nur auf einzelne Aspekte Silvia Staub-Bernasconis, die in der Folge dessen letztlich für sich alleinstehen sowie auf weitere, für diese Arbeit relevanten Theorien und Methoden anderer SozialwissenschaftlerInnen Sozialer Arbeit und ihrer Bezugswissenschaften zurückgegriffen, unter anderem im Sinne eines Versuchs dem eigenen, unbewussten Eurozentrismus entgegenzuwirken.

4.1 „Die Menschenrechte vom Kopf auf die Füße gestellt"[74]

Die ,Soziale Arbeit als Handlungswissenschaft', also die Handlungstheorie Sozialer Arbeit Silvia Staub-Bernasconis (2007), „„die beschreibende, erklärende mit wertbezogenen und präskriptiven Aussagen verknüpft"[75], ist im systemischen Realismus angesiedelt, geht nicht von der einen Wahrheit, aber Wirklichkeiten bzw. Wirklichkeitsebenen verschiedener Systeme[76] aus und erkennt die „Erkennbarkeit der Realität"[77] an, womit sie sich klar von der konstruktivistischen Systemtheorie,

---

[72] Lateinamerika Nachrichten e.V. (Hrsg.) (2012), S. 13-17
[73] Vgl. Lateinamerika Nachrichten e.V. (Hrsg.) (2012)
[74] Staub-Bernasconi, Silvia (2019), Untertitel
[75] Staub-Bernasconi, Silvia (2007), S. 53
[76] Staub-Bernasconi, Silvia (2007), S. 161
[77] Staub-Bernasconi, Silvia (2007), S. 167

beispielsweise Niklas Luhmanns, oder Heino Kleves als Vertreter in der Sozialen Arbeit, abgrenzt. Die normative Handlungswissenschaft Sozialer Arbeit befasst sich mit der Beschreibung, Definition und Erfassung von Sozialen Problemen auf der Mikro-, Meso- und Makroebene in allen für das Individuum relevanten Bezugssystemen. Hierbei ist eine Gegenstandsbestimmung, Soziale Probleme, vonnöten. Daraus resultierend sieht Silvia Staub-Bernasconi (2019) ‚Soziale Arbeit als Menschenrechtsprofession'. Teile dieser von ihr gedachten Menschenrechtsprofession sind die AEMR, eine eigene Professionsethik und verschiedene Mandate sowie globale (Verteilungs-)Gerechtigkeit. Ausweitend vom Spannungsfeld zwischen Hilfe und Kontrolle[78] vertritt Silvia Staub-Bernasconi (2007) zwingend ein Tripelmandat, welches zur Analyse globaler Machtverhältnisse führte.[79] Hierbei spricht die Sozialwissenschaftlerin von ‚Behinderungs- und Begrenzungsmacht' und fordert mehr Partizipation und Empowerment des sozialarbeiterischen Klientel. Außerdem schlägt sie vor das Tripelmandat umzubenennen in ‚Berufsethisches Mandat' oder ‚Berufsmandat Sozialer Arbeit' mit den fünf Grundprinzipien der „Hilfeleistung, Kontrollfunktionen, Wissenschaftsorientierung/Erklärungstheorien, Berufskodex [...], Menschenrechtsinstrumente."[80]

Bis heute ist sowohl in der Theorie als auch in der Praxis Sozialer Arbeit die Debatte um ihre Mandate kontrovers.[81] Laut Silvia Staub-Bernasconi (2019) ergeben sich aus der Zusammenführung unterschiedlicher Sichtweisen drei Mandate, die sich im ‚professionellen Mandat'[82] zusammenschließen.[83] Zum einen besteht weiterhin das Doppelmandat aus Hilfe und Kontrolle, in dem das Helfersystem im Auftrag des Staates mit den AdressatInnen miteinander in Interaktion steht.[84] Innerhalb dieser Interaktion ist die Soziale Arbeit aber auch Auftragnehmerin von Betroffenen, das bedeutet sie hat ein Mandat der Hilfe gegenüber ihrer Zielgruppe zu erfüllen. Allerdings fehlt nun das dritte, das politische Mandat, denn eine Soziale Arbeit ist ihrem Berufskodex, der auf Wissenschaft und Ethik basiert, gleichermaßen verpflichtet. Es liegt auf der Hand, dass Soziale Arbeit in diesem Interaktionsdreieck in höchst unterschiedlichen Spannungsfeldern, die sich ergeben aus staatlichen Vorgaben, Vorstellungen der HilfeempfängerInnen und der eigenen Berufsethik immer wieder in Konflikte gerät, oftmals nur Teilmandate erfüllt bzw. erfüllen kann und sich ständig selbst definieren, reflektieren und kritisch hinterfragen muss, um die sich gesetzte Unabhängigkeit

---

[78] Vgl. Klus, Sebastian; Schilling, Johannes (2018), S. 229
[79] Vgl. Klus, Sebastian; Schilling, Johannes (2018), S. 229-230
[80] Klus, Sebastian; Schilling, Johannes (2018), S. 230
[81] Staub-Bernasconi, Silvia (2019), S. 85-86
[82] Staub-Bernasconi, Silvia (2019), S. 89
[83] Staub-Bernasconi, Silvia (2019), S. 87-89
[84] Staub-Bernasconi, Silvia (2019), S. 86

beibehalten zu können.[85] Nach Meinung der Autorin betont die Bezeichnung professionelles Mandat, als Alternative zum Begriff Tripelmandat ethische Grundsätze sowie eine unabhängige Soziale Arbeit. Bildlich lässt sich Silvia Staub-Bernasconis (2019) professionelles Mandat folgendermaßen vorstellen. Als Dreieck gesehen stehen in den unteren zwei Ecken das jeweilige Mandat des Doppelmandats. In der oberen Spitze befindet sich das politische Mandat, das das Doppelmandat zum Tripelmandat werden lässt. Das politische Mandat wiederum unterteilt sich in wissenschaftliche Erkenntnisse und moralische Ethikvorstellungen, die im Nachhinein eben basierend auf der eigenen Berufsethik, wie in Kapitel 3 beschrieben, normativ in Beziehung gesetzt und analysiert werden. Es steht somit immer in Interaktion mit den anderen Mandaten und den daraus resultierenden Verständnissen und Interventionen in der Disziplin und Praxis Sozialer Arbeit. Somit bewegt sich die Soziale Arbeit als Profession in ihrer Praxis in Richtung politischen Handelns und politischer Verantwortung. Die von der Wissenschaftlerin (2007) aufgebrachte globale (Verteilungs-)Gerechtigkeit geht als Basis von einer global ungerechten Machtverteilung aus. Unterteilt wird als Arten von illegitimer und legitimer Macht in Behinderungs- und Begrenzungsmacht. Im Verständnis der Behinderungsmacht geht es darum, dass ‚Mächtigere' ‚weniger Mächtige' an ihrer Bedürfnisbefriedigung und vollen Entfaltung hindern, somit die ‚Ärmeren' ihre Chancen nicht wahrnehmen können und sich das bestehende Machtverhältnis reproduziert. Die legitime Begrenzungsmacht verhindert, dass ‚der Stärkere sich gegen den Schwächeren' durchsetzen kann und beschneidet individuelle, nationale und internationale Ausbeutung. Im Sinne eines notwendigen Wächteramtes braucht es Gesellschaftsstrukturen, die dies ermöglichen und Professionen, welche sich dafür zuständig erklären.[86] Hierzu gäbe es weitere Ausführungen, die jedoch den Rahmen dieser Arbeit sprengen würden. Die Realutopie der globalen (Verteilungs-)Gerechtigkeit beinhaltet ein faires Weltwirtschaftssystem, eine weltweit gerechte Ressourcen- und Mittelverteilung, eine solidarische Weltsicht, eine globale Verantwortung und die Erfüllung der AEMR und der biopsychosoziokulturellen Bedürfnisse[87] eines jeden Individuums dieser Weltgesellschaft sowie zusätzlich den Abbau bestehender Machtstrukturen. Dabei wird jedoch nicht der Anspruch erhoben alle Menschen gleich zu machen.[88] Demnach stützt sich die ‚Soziale Arbeit als Menschenrechtsprofession' auf

---

[85] Staub-Bernasconi, Silvia (2019), S. 87
[86] Vgl. Staub-Bernasconi, Silvia (2007), S. 374-398
[87] Vgl. Obrecht, Werner (2009), siehe Anhang
[88] Staub-Bernasconi, Silvia (2019), S. 310-311

die AEMR als ihre oberste Professionsethik und setzt sich für die Universalität der Menschenrechte ein.[89] **„Menschenrechte sind nicht „westlich", sondern „menschlich"!"**[90]

In den folgenden Unterkapiteln werden die ausgewählten Theorien und Methoden auf eine Makro-, Meso- und Mikroebene unterteilt, um auch im Praxisbezug darstellen zu können auf welcher Ebene interveniert wird, durch welche Ebenen sich die Sozialen Probleme ziehen und welche Ansätze und Konzepte auf welcher Ebene anwendbar bzw. kombinierbar sind. Je weiter von der Makroebene zur Mikroebene gelesen wird, desto methodischer und ‚praxisnaher' werden die Ausführungen bzw. theoretischen Ansätze, wobei auf der Makroebene eher theoretisches Erklärungswissen und in sich geschlossene Theorien zur Sprache kommen. Die Einteilung ist nicht genau zu nehmen, da fließende Übergänge bestehen, und die Ansätze sich bedingen und gegenseitig in Interaktion stehen.

4.2   Makroebene

Zur Erklärung der ‚Pädagogik der Unterdrückten' Paulo Freires (1973) wird die Autorin die Person kurz vorstellen, um daraufhin herausragende Aspekte seiner Theorie zu formulieren. Paulo Freire ist der bekannteste Verfechter der Befreiungspädagogik. 1921 in Brasilien geboren, kam er später als studierter Jurist in Kontakt mit Familien in armen Verhältnissen. Ab 1960 betrieb Paulo Freire eine selbst entwickelte Alphabetisierungskampagne in eigens aufgebauter Kooperation mit dem brasilianischen Staat. Nach dem Putsch der Militärjunta 1964 wurde er nach Chile vertrieben, wo er seine Alphabetisierung der südamerikanischen Völker fortsetzte, während im Heimatland seine Werke, seine Erfolge, sein Gedankengut in der Gesellschaft sowie seine Würde vernichtet wurden. In weiteren Jahren wurde er international bekannt und arbeitete wegweisend in zahlreichen Projekten im Ausland mit, bis er 1980 nach Brasilien zurückkehrte und dort 1997 verstarb.[91] Bis heute fließen sein Wissen und seine Erfahrungen, die ihn als Vorreiter in der Bewusstseinsbildung vor allem indigener **marginalisierter Bevölkerungsgruppen** auszeichnen, nicht ausreichend in die ‚westliche' Soziale Arbeit mit ein.

Die Grundessenz der Befreiungspädagogik Paulo Freires ist das Erlangen der Freiheit, als Gegenpol zum Zustand der Unterdrückung, durch den Dialog, den die Autorin

---

[89] Vgl. Staub-Bernasconi, Silvia (2019), S.120-128
[90] Staub-Bernasconi, Silvia (2019), S.128
[91] Flöck, Jens (2010), S. 6-8

Sozialen Dialog nennt. Das bedeutet, in einer direkten pädagogischen Arbeit findet eine Lehrer-Schüler-Umkehr statt. Um den Schüler in seinen Erfahrungen und seinem Wissen, sprich seinen Visionen, Träumen, Lebensvorstellungen, Prinzipien, usw. zu verstehen, muss der Lehrer zum Schüler des Schülers werden. In diesem Prozess findet die Hinleitung zur Lösung, die in der Person selbst liegt, statt. Ergo wird der eigentliche Schüler während des Sozialen Dialogs mit dem eigentlichen Lehrer zur Reflektion und zur Erkennung seiner, durch die Unterdrückung in Vergessenheit geratenen Kompetenzen angeregt. Allein diese Bewusstseinsbildung kann laut Paulo Freire zur eigenmächtigen Befreiung marginalisierter Gruppen führen.[92]

Wie sich bereits aus dem Konzept Paulo Freires ergibt, bietet sich in der Sozialen Arbeit mit Indigenen und den daraus resultierenden Aufträgen der Bottom Up Ansatz an. Im Unterschied zum Top Down, setzt der Bottom Up Ansatz auf den Sozialen Dialog und Community-based Development (CBD), wie es in Unterkapitel 4.3 ausgeführt wird. Hierbei geht es darum Entscheidungs- und Veränderungsprozesse auf die Ebene der Betroffenen zu verlegen und nicht von oben herab zu leiten. „Eade beschreibt bereits 1997 für Oxfam[93] die Notwendigkeit, sich auf Empowerment, Participation, Gender Equity und Capacity Building (Stärkung der menschlichen Potentiale) zu fokussieren, „if development is to be sustainable and centered in people".[94]

Zusätzlich zu diesen zwei theoretischen Einführungen bzw. Herangehensweisen ist auf der Makroebene das Recherchieren und die Erhebung statistischer Daten sowie deren Auswertung und Verwendung in Disziplin und Profession, und die Soziale Netzwerkarbeit auf internationaler, als auch nationaler Ebene in das sozialarbeiterische Repertoire, bezogen auf Indigene Soziale Arbeit, aufzunehmen. Soziale Netzwerkarbeit bedeutet die kooperative Vernetzung von, in diesem Falle sozialen Institutionen untereinander, um eine bessere Bearbeitung Sozialer Probleme zu erreichen. Unterstützende Netzwerke können auch auf nicht institutionellen Ebenen aufgebaut werden, zum Beispiel mit DorfvorsteherInnen, selbstständigen Professionellen oder anderen Parteien einer sozialen Gemeinschaft. Diese Vernetzung darf jedoch nur zum Wohle des Klientel, zur Informationsbeschaffung oder zur Lösung von Sozialen Problemen bestehen, ergo soll sie nicht missbraucht werden und zielführend sein. Basierend auf Ergebnissen der sozialen Netzwerkforschung setzt die Soziale Netzwerkarbeit auf die Aktivierung der Eigenverantwortung und individueller Lösungsstrategien von KlientInnen. Um dies zu erreichen, stellt sie eigene Anamnesen

---

[92] Freire, Paulo (1973), S. 13, 15; Flöck, Jens (2010), S. 23-25
[93] „Oxfam ist eine 1942 gegründete globale Organisation, die sich für den Abbau der globalen Armut einsetzt [...]." (Rothenberger 2021, S. 184)
[94] Rothenberger, Stella (2021), S. 184

über vorhandene soziale Beziehungen an und interveniert im Sinne einer[95] „Ausweitung des Beziehungsgeflechts der Klienten zu Personen, Gruppen und Institutionen"[96].

4.3 Mesoebene

Zur Anwendung der Befreiungspädagogik Paulo Freires in der (Sozialen) Arbeit mit Gruppen gelten als Methoden die Bewusstseinsbildung und Bildungsarbeit. Bewusstseinsbildung wird verstanden als Prozess des Sich-bewusst-machens eines Missstands als Bedingung für die Veränderung dieses Sozialen Problems. Das Ziel ist die Entwicklung eines kritischen, wachen Bewusstseins unter KlientInnen, um soziale Ungleichheitssysteme und Ungerechtigkeitsstrukturen nachhaltig zu verändern.[97] Im Verständnis Paulo Freires können Unterdrückungen von Minderheiten allein aufgrund eines unkritischen, ‚eingeschlafenen' Bewusstseins der Mehrheitsbevölkerung existieren bzw. (fort)bestehen. Er fordert ein radikales Bewusstsein, als Gegensatz zum Fanatismus. Die Reflexionen, die durch Bewusstseinsbildung entstehen, sind die Basis für die Entwicklung eigener Lösungsvorschläge und Handlungskompetenzen.[98] Laut Paulo Freire muss ‚wahre' Bildungsarbeit[99] betrieben werden, um Ohnmachtserfahrungen marginalisierter Gruppen entgegenzutreten und eine Aktivierung im Sinne der Gemeinwesenarbeit möglich zu machen.[100] „Emanzipatorische Pädagogik und gesellschaftliche Umwälzung gehören unlöslich zusammen."[101]

Die ‚Lebensweltorientierte Soziale Arbeit' nach Hans Thiersch (2012) bietet im Sinne des notwendigen Verständnisses ‚anderer Kulturen' und der vorsichtigen Annäherung an autonome Völker ein passendes Konzept für sozialarbeiterische Interventionen. Die Autorin verwendet vom theoretischen Konzept Hans Thierschs nur ausgewählte Aspekte, die für sie bei der Analyse des IDH und der Konzeptualisierung einer Indigenen Sozialen Arbeit relevant erscheinen. Eine Lebensweltorientierung bedeutet das Verstehen und Akzeptieren individueller Lebensrealitäten, die die Kenntnis aller für sie relevanter sozialer Beziehungen miteinschließt. Die Ansicht Hans Thierschs ist, dass Menschen sich innerhalb ihrer Lebenswelt begreifen und bewegen.[102] Somit wird die

---

[95] Galuske, Michael (2009), S. 306
[96] Galuske, Michael (2009), S. 306
[97] Flöck, Jens (2010), S. 22
[98] Flöck, Jens (2010), S. 22-23
[99] Beispielsweise mithilfe der LehrerInnen-SchülerInnen-Umkehr, siehe Unterkapitel 4.2
[100] Vgl. Flöck, Jens (2010), S. 20-21
[101] Freire, Paulo (1973), S. 22
[102] Klus, Sebastian; Schilling, Johannes (2018), S. 144-145; Grunwald, Klaus; Köngeter, Stefan; Thiersch, Hans (2012)

Lebenswelt in der Indigenen Sozialen Arbeit zum einen zur Selbstverständlichkeit für das Klientel sowie für die Professionellen und zum anderen zur Aufgabe sowie zum Tätigkeitsfeld, ebenso für das Klientel wie für die Professionellen.[103] In der Praxis geben Respekt, die Veränderung von Bestehendem, „begründet auf Wertungen"[104], und der Balanceakt dazwischen, sowie Aushandlungsprozesse und verlässliche Verhältnisse den Rahmen.[105] Handlungsmaximen sind Prävention, Alltagsnähe, Dezentralisierung bzw. Regionalisierung, Integration bzw. Normalisierung sowie Partizipation.[106]

Die Kosmovision Buen Vivir aus Südamerika sowie das Ubuntu aus Südafrika führt die Verfasserin an dieser Stelle nur knapp aus, da es sonst den Rahmen dieser Arbeit sprengen würde. Die Begrifflichkeit des andinen Lebensverständnisansatzes ist bis heute nicht klar festgelegt. Die Begriffe ‚Buen Vivir' und ‚Vivir Bien' werden simultan verwendet.[107] Ersterer bedeutet wortwörtlich übersetzt ‚Gutes Leben' und der Zweite ‚gut leben'. Die Autorin entscheidet sich für die Begrifflichkeit Buen Vivir, um die Einheitlichkeit zu wahren und Verwirrung zu vermeiden. Die spanischen Übersetzungen entstammen gelebten Realitäten andiner Gemeinschaften, dem ‚Suma Qamaña' der Aymara und dem ‚Sumaq Kawsay' der Quechua.[108] Bezeichnet wird hiermit nicht eine „Sammlung von Kultur-, Gesellschafts-, Umwelt- und Wirtschaftsrezepten, sondern eine komplexe und dynamische Mischung, die von einer philosophischen Auffassung von Zeit und Raum bis hin zu einer Kosmovision des Verhältnisses zwischen Mensch und Natur reicht."[109] Im Buen Vivir wird Leben zirkulär und reziprok verstanden. Definiert wird Leben im Sinne einer Daseinsberechtigung von allem, was existiert und vorhanden ist. Hierbei geht es um Harmonie und das (Wieder-)Herstellen von Ausgewogenheit des ‚Ganzen', also der Gesamtheit aller Dinge, welches ‚Pacha' benannt wird. Die ‚Pachamama' beispielsweise wird als ‚Mutter Erde' übersetzt.[110] Die Relevanz des Buen Vivir ergibt sich aus „der Sicht auf das „Ganze" oder der *Pacha*; [...] dem Zusammenleben in der Multipolarität; [...] der Suche nach dem Gleichgewicht; [...] der Komplementarität der Verschiedenartigkeiten und [...] der Dekolonisation"[111] und weiters daraus, dass diese Kosmovision in die Verfassungen Boliviens, 2006 durch Evo Morales Ayma, und Ecuadors, 2007 durch Rafael Correa, aufgenommen wurde.[112]

---

[103] Vgl. Klus, Sebastian; Schilling, Johannes (2018), S. 146
[104] Klus, Sebastian; Schilling, Johannes (2018), S. 147
[105] Klus, Sebastian; Schilling, Johannes (2018), S. 147
[106] Klus, Sebastian; Schilling, Johannes (2018), S. 148-149
[107] Sólon, Pablo; u. a. (2018), S. 24
[108] Sólon, Pablo; u. a. (2018), S. 24
[109] Sólon, Pablo; u. a. (2018), S. 28
[110] Vgl. Sólon, Pablo; u. a. (2018), S. 28-29
[111] Sólon, Pablo; u. a. (2018), S. 28
[112] Sólon, Pablo; u. a. (2018), S. 26

Ubuntu ist eine Lebensphilosophie und entstammt den ‚Extended Families'[113] und ‚Social Support Systems'[114] Südafrikas. Ubuntu wird auch als afrikanischer Humanismus bezeichnet. Es wird davon ausgegangen, dass Individuen untrennbar mit der Gemeinschaft, also ihren sozialen Gefügen, verbunden sind und ohne diese nicht existieren könnten. Auch hier wird die Ansicht der Reziprozität und des Respekts untereinander vertreten. Andere Werte sind Gastlichkeit, Güte, gegenseitige Hilfe und Sorge sowie soziale Gerechtigkeit.[115]

Die Soziale Gruppenarbeit baut aus Sicht der Autorin in ihren Interventionen der Indigenen Sozialen Arbeit auf Phenomenon-based Learning und Familienkonferenzen der Aborigine Gemeinden Australiens[116]. Phenomenon-based Learning wurde in Finnland innovativ als alternatives bzw. selbstorganisiertes Lernen als Pflichtteil in den Lehrplan der Regelschulen aufgenommen. Hierbei wird ein Phänomen mithilfe aller dienenden wissenschaftlicher Erkenntnisse und Bezugswissenschaften durchleuchtet und verstanden. Es fließen Aspekte des projekt- und des problembasierten Lernens mit ein.[117] Die Verwendung dieses lehrpädagogischen Konzepts bietet sich in der Sozialen Gruppenarbeit an, da das Phänomen durch ein Soziales Problem ersetzbar ist, welches in der Folge auf Distanz gebracht und reflektiert wird, um auf dieser Basis Lösungsstrategien im Sozialen Dialog mit den Betroffenen zu entwickeln.[118] Die Ursprungsform des Familienrats bezeichnet die Bearbeitung eines gemeinschaftlichen Problems im Dialog unter Familien einer sozialen Gemeinschaft ohne externe Intervention. In der europäischen bzw. ‚westlichen' Sozialen Arbeit wurde dieses Konzept implementiert, so beispielsweise in Familienkonferenzen oder durch das Errichten von Gemeinderäten.[119]

In der Indigenen Sozialen Arbeit liegt der Fokus auf der Gemeinwesenarbeit, wie es anhand obiger Ausführungen auf der Mesoebene ersichtlich wird. Die damit verbundene Herangehensweise zur Auftragsklärung, zur Partizipation und zum Empowerment muss systemisch sein. Aus dem Überbau der Gemeinwesenarbeit wählt die Verfasserin einzelne Methoden aus. „Community-Based Development (CBD) gilt als Überbegriff für Projekte, bei denen die Zielgruppe aktiv in die Planung, Implementierung sowie Leitung

---

[113] Großfamilienverbund im Gegensatz zu europäischen und nordamerikanischen Kleinfamilienformen, frei übersetzt von der Autorin (Vgl. Rothenberger 2021)
[114] Ist ein generationsübergreifendes System bestehend aus Großfamilienverbünden innerhalb einer lokalen Gemeinschaft, welches gegenseitige Unterstützungsleistungen erfüllt, frei erklärt von der Autorin (Vgl. Rothenberger 2021)
[115] Vgl. Straub, Ute; Rott, Gerhard; Lutz, Ronald (2020), S. 159-172
[116] Spatscheck, Christian; Steckelberg, Claudia (Hrsg.) (2018), S. 110
[117] Drew, Chris (2020)
[118] Vgl. Drew, Chris (2020)
[119] Gespräch der Autorin mit einer Sozialarbeiterin der Kinder- und Jugendhilfe Deutschlands im Januar 2022

der Maßnahmen miteinbezogen wird. Oftmals wird der Begriff Community-Driven Development (CDD) verwendet, bei der die *Communities* direkte Kontrolle über wesentliche Projektentscheidungen sowie über das Management der zur Verfügung stehenden Geldmittel übernehmen."[120] In diese Praxis werden lokales bzw. indigenes Wissen und Ressourcen miteinbezogen und bewirken Effizienz und Nachhaltigkeit. Durch CBD lässt sich außerdem ein ,Schneeballsystem' herstellen, indem durch CDD Erfahrungen aus einem Projekt in andere Projekte getragen werden. Somit entsteht eine Multiplikation, da eine erfahrene Gemeinschaft einer anderen hilft und ihr Wissen selbstständig und ohne professionelle Aktivierung von außen weitergibt.[121] Um CBD in einem lokalen Projekt im Sozialen Dialog zu beginnen, können Aktivierende Befragungen, beispielsweise durch Aktivierende Gespräche nach Saul David Alinsky (1971) von Nutzen sein. „Die Beteiligung der Betroffenen führt zur Betroffenheit der Beteiligten."[122]

Zur Qualitätssicherung, mithilfe ihrer Evaluationswerkzeuge, und zur Gewinnung wissenschaftlicher Erkenntnisse benötigt es fortlaufende gemeinsame Reflexionen und Erhebungen.

4.4 Mikroebene

In der Sozialen Arbeit mit Individuen und zur Überprüfung ihrer Bedürfnisbefriedigung eignet sich die Biopsychosoziokulturelle Bedürfnistheorie Werner Obrechts (2009), deren Parameter im Anhang als Ausschnitt seiner Theorie dargestellt sind. Der Nutzen ergibt sich aus der Universalität und dem Fokus auf die Menschenwürde. Werner Obrecht geht davon aus, dass wenn ein Bedürfnis nicht erfüllt wird, es Auswirkungen auf die Befriedigung anderer Bedürfnisse hat und, dass zur erfolgreichen Bedürfnisbefriedigung eine Ganzheitlichkeit auf biologischer, psychischer, sozialer und kultureller Ebene berücksichtigt werden muss.[123] Aus der Theorie Werner Obrechts heraus lässt sich der Begriff der Armut, ergo auch die Definition menschlicher Entwicklung, wesentlich differenzierter darstellen als nach den gesetzten Standards des Globalen Nordens, so beispielsweise die fremdherrschaftliche Festlegung von

---

[120] Rothenberger, Stella (2021), S. 179
[121] Vgl. Rothenberger, Stella (2021), S. 180
[122] Schümer-Struchsberg, Monica (1984), S. 123
[123] Obrecht, Werner (2009)

,erfolgreicher Entwicklung' wie sie der Internationale Währungsfonds (IWF) und die Weltbank (World Bank) postulieren.[124]

Die Einzel(fall)hilfe besitzt in der Indigenen Sozialen Arbeit einen anderen Stellenwert als in der nordamerikanischen und europäischen Sozialen Arbeit, allein schon aufgrund verschiedener Lebensformen und Ansichten von Individualität in unterschiedlichen Gesellschaften. Nichtdestotrotz ist die Einzel(fall)hilfe in der Sozialen Arbeit mit Indigenen nicht wegzudenken und kann mithilfe der Bedürfnistheorie Werner Obrechts (2009) universell, bezogen auf den individuellen Fall ausgeführt werden. Allerdings muss in einer indigenen Einzel(fall)hilfe systemisch gedacht werden, das heißt der einzelne Fall und die dazugehörigen Sozialen Probleme müssen bezogen werden auf die ,übergestellte' Meso- sowie Makroebene.

5. Analyse der NGO IDH

Zur Einführung stellt die Autorin die nationale NGO IDH vor. Seit ihrer Gründung im Jahr 1997 setzt sich das IDH für die Beendigung der HIV[125]-Pandemie ein und kämpft für die Menschenrechte und gegen die Stigmatisierung von Menschen, die mit HIV leben. Zusätzlich arbeitet das IDH seit einigen Jahren im Bereich der Gewaltprävention, wobei sich diese ausschließlich auf (potenzielle) Opfer bezieht. Der Begriff Gewalt ist hierbei sehr diffus definiert und konzentriert sich auf folgende Bereiche: Menschenhandel und Gewalt in der Verliebtheitsphase der Partnerschaft. Als ethischer Rahmen gilt die AEMR, auf dessen Basis Menschenrechte in der Öffentlichkeits- sowie Gesundheitsarbeit vertreten und in das gesellschaftliche Bewusstsein gerufen werden. Außerdem ist in ihrem Leitfaden die UN-Kinderechtskonvention von 1989 als Orientierung in der offenen und bildungsorientierten Jugendarbeit festgelegt. Der Gründer und Direktor des IDH ist Dr. Edgar Valdez Carrizo, ein bolivianischer Mediziner. Seine rechte Hand ist seine aus der französischen Schweiz stammende Frau Ana Saudan, die von Beruf Krankenschwester, mit Spezialisierung in der Arbeit mit Menschen, die mit HIV leben, ist. Das multiprofessionelle Team setzt sich aus comunicadores sociales[126], PolitikwissenschaftlerInnen, JournalistInnen und ÄrztInnen sowie PsychologInnen

---

[124] Vgl. Obrecht, Werner (2009); Vgl. Escobar, Arturo (1992)
[125] Humanes Immundefizienz-Virus
[126] SozialkommunikatorInnen, frei übersetzt von der Autorin, da diese Berufsbezeichnung im deutschen Sprachraum nicht existiert. Dieses Berufsbild kommt der der Sozialen Arbeit am Nächsten, obwohl im plurinationalen Staat Bolivien auch SozialarbeiterInnen an der öffentlichen Universität ausgebildet werden. (Gespräche der Autorin mit MitarbeiterInnen des IDH)

zusammen und arbeitet auf der Basis vertikaler Hierarchie. Anhand der Beschreibung der Teamzusammensetzung wird ersichtlich, dass keine SozialarbeiterInnen bei IDH tätig bzw. angestellt sind und es somit im IDH an sozialarbeiterischen Theorien, Methoden und Blickwinkeln mangelt.

Ihre räumlichen Angebote konzentrieren sich auf das Bürogebäude und das dahinter liegende eigene Gesundheitszentrum. Dies ist eine Anlaufstelle für medizinische Testungen auf sexuell übertragbare Krankheiten sowie HIV und, im Falle positiver Ergebnisse, eine Beratungs- und Behandlungsstelle für Betroffene. Die Arbeitsweise der MitarbeiterInnen im Gesundheitszentrum des IDH folgt streng dem hippokratischen Eid und seinen ethischen Verpflichtungen, im Gegensatz zu den Haltungen und Verhaltensweisen des medizinischen Personals im öffentlichen Gesundheitswesens Boliviens.[127] Zur Gewaltprävention und anderen familiären Themen veranstalten MitarbeiterInnen, überwiegend comunicadores sociales, in Kooperationen mit Schulen, sprich LehrerInnen und DirektorInnen, sowie líderes jovenes[128] Elternabende, Seminare, thematische Impulsvorträge, Versammlungen und Messen. Die Berichte über diese Veranstaltungen fließen in die Öffentlichkeitsarbeit, aber auch empirische Erhebungen mit ein.

Zur Veranschaulichung der Sozialen Arbeit des IDH führt die Autorin an dieser Stelle ein selbst miterlebtes Beispiel an. Um Bewusstseinsbildung anzuregen, suchen zwei ausgewählte Professionelle des IDH den Kontakt zu einem Direktor einer Gemeinschaftsschule. Dieser wiederum vermittelt den Kontakt an eine engagierte Lehrkraft, die dazu bereit ist vom IDH entwickelte Lehrveranstaltungen zu brisanten gesellschaftlichen Themen in ihren Lehrplan zu implementieren. Ist dieser Schritt geschafft, treffen sich die MitarbeiterInnen des IDH mit dieser Lehrkraft, besprechen den Prozess und übergeben ihr Lehrunterlagen und Informationsmaterialien. Die Lehrkraft wird von da an selbstständig das Projekt fortsetzen und zu einer Evaluation gemeinsam mit den SchülerInnen ebenjene MitarbeiterInnen des IDH einladen. Häufig, auch als Dank für die Unterstützung des IDH, veranstalten die SchülerInnen entweder eine ganze Messe, ein Theaterstück, Filmabende, Tänze, Sketches, Podiumsdiskussionen, etc., und laden externe Gäste dazu ein. Außerdem fließen diese Ausstellungen in die Pflichtlehrveranstaltungen der übrigen Schülerschaft mit ein, in dem diese zu jedem einzelnen Stand bestimmte Aufgaben zu lösen haben. Hieran wird das ‚Schneeballprinzip' und der partizipative Bottom Up Ansatz ersichtlich. Zur

---

[127] Hospitation der Autorin in der Infektiologie im öffentlichen Krankenhaus Cochabambas
[128] JugendführerInnen, frei übersetzt von der Autorin, im Verständnis einer Mischform von JugendsprecherInnen und Vorständen von Landjugenden

Qualitätssicherung wird zusammen mit der Lehrerschaft einer Schule besprochen, was gut und was nicht gut lief.

Bezogen auf obige Ausführungen dieses Kapitels wird ersichtlich, dass das IDH ansatzweise lokale Arbeit betreibt, jedoch nicht als regionale, sondern nationale NGO einzustufen ist, sich in einer der größten Städte Boliviens befindet und nicht genügend Initiative zeigt ländliche Bevölkerungen, also überwiegend Indigene, miteinzubeziehen bzw. auf sie zuzugehen und somit einen großen Teil der indigenen Bevölkerungsgruppen gar nicht erreicht, aber gleichzeitig den Anspruch eines universellen, für jedes Gesellschaftsmitglied zugänglichen Hilfeangebotes stellt. Zusätzlich dazu sind ländliche Bevölkerungen Boliviens als ‚vulnerable‘ AdressatInnengruppe zu sehen, im Sinne der Marginalisierung seitens der urbanen Gesellschaft, so zum Beispiel durch die Sprache. Nur ein Politikwissenschaftler des IDH spricht fließend Quechua, während die Anderen das Gesagte kaum verstehen. Hiermit stellt sich die auch während der Berufspraktikumszeit häufig aufgekommene Frage wo in diesem, von IDH universal gedachten Unterstützungsangebot der berechtigte Platz indigener Menschen ist. Die Rede ist hier von einer Gesellschaft, in der sich bis zu 70 Prozent als indigen identifizieren[129], sich bis heute in Bewegungen zusammenschließen müssen, um verzweifelt für ihre vorwiegend existenziellen Rechte zu kämpfen,[130] um dann vielleicht ein abgespecktes, einmaliges, meist nur finanzielles Unterstützungsprogramm vom Staat genehmigt zu bekommen, und die Mehrheitsgesellschaft dann letztendlich davon spricht, dass sie ohnehin eine indigene Gesellschaft sei und deswegen die Indigenität nicht hervorzuheben sei. Es liegt auf der Hand, dass damit bestehende Machtstrukturen und der landeseigene, vom Kolonialismus rührende, entwickelte Neokolonialismus bzw. Imperialismus, sich zeigend in der besseren gesellschaftlichen Stellung gebildeter Bevölkerungsschichten, meist ‚Weißen‘[131], reproduziert und die prekären Lebensverhältnisse indigener Gemeinschaften totgeschwiegen werden. Ob und wie indigenes Wissen im IDH Berücksichtigung und Verwendung findet, wird in den weiteren Unterkapiteln analysiert.

Während des Praktikums begegnete die Verfasserin dem hohen Erwartungsdruck des Teams von IDH. Das Team ging davon aus, dass europäische Theorien und Methoden der Sozialen Arbeit ihnen Lösungen präsentieren könnten für Soziale Probleme, die sie selbst nicht zu lösen wissen. Da kaum ein Verständnis Sozialer Arbeit unter der Belegschaft des IDH vorhanden ist, wurden eigene Vorstellungen darauf projiziert.

---

[129] Albiston, Isabel; Grosberg, Michael; Johanson, Mark (2019), S. 333
[130] Vgl. z.B. AMNESTY INTERNATIONAL (Hrsg.) (o. D.)
[131] Ob dies nun von der Abstammung oder der eigenen Identifikation herrührt (beispielsweise MestizInnen)

Erwartet wurden schnell wirksame, gültige Lösungsstrategien, basierend auf Selbstständigkeit. Dies wurde insbesondere bei der Zusammenarbeit während zweier Projektarbeiten der Autorin deutlich. In Seminaren, die die Verfasserin besuchte, berichteten SozialarbeiterInnen, die in unterschiedlichen Feldern im Globalen Sozialen Dialog tätig waren oder sind, dass sie fast immer auf solche Erwartungen stoßen, wenn sie mit lokalen BewohnerInnen zusammenarbeiten. Meist würde die Überwindung des gegenseitigen ‚Nicht-Verstehens' mehrere Monate eines Sozialen Dialogs bedürfen, bevor Projekte und Kampagnen gemeinsam angegangen werden können. Diese Ausführungen stehen an dieser Stelle, da sie zur Beantwortung meiner Forschungsfrage zu beachtende Faktoren sind. Außerdem zeigen sie die Herausforderungen der Praxis in der Indigenen Sozialen Arbeit, welchen SozialarbeiterInnen sicherlich begegnen werden.

5.1 Empowerment und Partizipation – Mobilisierung von Ressourcen

Am Anfang führt die Autorin die Begriffe Empowerment, Partizipation und Ressourcenorientierung an, um im Nachhinein anhand dieser Begrifflichkeiten die NGO IDH zu analysieren. Abschließend werden Zugangsbarrieren, vor welche indigene Menschen häufig gestellt werden, dargestellt.

„Wörtlich übersetzt bedeutet der Begriff Empowerment Selbstbefähigung, Selbstbemächtigung oder Stärkung von Eigenmacht und Autonomie."[132] Um ihn besteht eine große Kontroverse und die Verfasserin wird sich auf die für sie relevant erscheinenden Definitionen beschränken, wie sie auch von Stella Rothenberger (2021) in ihrem Buch ‚Indigene Soziale Arbeit' ausgewählt wurden. Laut Theunissen (2000) soll Empowerment auf der individuellen, der Gruppen-, der institutionellen und der sozialpolitisch-gesellschaftlichen Ebene stattfinden.[133] Nach Sohns (2009) vertritt der Empowerment-Ansatz eine Lebensweltorientierung und eine systemische Perspektive. Eine Definition von Schuftan (1996) lautet folgendermaßen:[134] „„Empowerment is a continuous process that enables people to understand, upgrade and use their capacity to better control and gain power over their own lives. It provides people with choices and the ability to choose, as well as to gain more control over resources they need to improve

---

[132] Rothenberger, Stella (2021), S. 181
[133] Rothenberger, Stella (2021), S. 181
[134] Rothenberger, Stella (2021), S. 181-182

their condition.""[135] Wiederum Herriger (2014)„ der Mitte der 1990er-Jahre das Konzept des Empowerments in der Sozialen Arbeit bekannt machte, [...] befürwortet es, die Ressourcen der Adressaten in den Mittelpunkt zu rücken, die sie produktiv zur Veränderung belastender Lebensumstände einzusetzen vermögen. Vor diesem Hintergrund wird die Rolle von indigenem Wissen [...] verständlich."[136] Beide Begriffe, Empowerment und indigenes Wissen, wurden in der globalen Definition Sozialer Arbeit verankert.[137] Partizipation ist einer der Grundwertehaltungen in der Gemeinwesenarbeit und ebenso im Empowerment-Ansatz. Wobei die Autorin das Konzept des Empowerments der Gemeinwesenarbeit unterordnet.

„SozialarbeiterInnen [...] sollten ihre KlientInnen nicht nur in persönlichen Schwächen, Problemlagen und Defiziten etc. unterstützen, sondern auch in den aktivierbaren individuellen und sozialen Stärken, also v.a. ressourcenorientiert arbeiten. (Schilling 2004"[138]). Gerade in der Indigenen Sozialen Arbeit ist es gewinnbringend orientiert an den Ressourcen auf der Mikro-, Meso- und Makroebene zu intervenieren, da indigene Bevölkerungen häufig in innigen sozialen Gemeinschaften leben, Kommunen oder den Kibbuzim in Israel ähnlich. Um den Eintritt und einen Überblick über solche sozialen Geflechte zu erleichtern, bietet sich die Ressourcenkarte an, mithilfe derer Stärken, gerichtet auf ein festgelegtes Ziel, differenziert werden können in persönliche, materielle, soziale sowie professionelle Ressourcen.

Da die Zielgruppen des IDH plurinational sind, wobei es sich um MestizInnen, indigene Menschen, und andere handelt, untersucht die Autorin das IDH auf das Empowerment, die Partizipation und die Ressourcenaktivierung indigenen Klientel. Hierzu wird sie sich auf selbst erlebte Beispiele beziehen.

Auf schulischen Elternabenden mit Impulsvorträgen und darauffolgender Gruppendiskussion über Menschenhandel in dörflichen Gegenden sind selbstverständlich auch Eltern aus indigenen Bevölkerungsgruppen anwesend. Laut Meinung der Verfasserin jedoch kommen zu solchen Elternabenden eben nur diese indigenen Eltern, die sich sowieso für die Bildung ihrer Kinder interessieren und eben auch die nötigen finanziellen Mittel dafür aufzubringen fähig oder bereit sind. Zu beachten ist hier, dass durch die Existenz eines umfassenden eigenen indigenen Wissens die Akzeptanz gegenüber dem institutionellen Bildungssystem nicht sonderlich hoch ist, was unter anderem auch daraus resultiert, dass ihr Ur- und Ahnenwissen ignoriert wird, es sei denn es ließe sich für kapitalistische Zwecke verwenden. Zurück

---

[135] Rothenberger, Stella (2021), S. 182
[136] Rothenberger, Stella (2021), S. 183
[137] Rothenberger, Stella (2021), S. 182
[138] Klus, Sebastian; Schilling, Johannes (2018), S. 106

zum Elternabend: Bei diesen reuniones[139] ist es interessant die gegenseitige Akzeptanz unterschiedlicher Kulturen, sie nebeneinander bestehen zu lassen, und das Sich-vermischen ebenjener Lebensrealitäten zu beobachten. In diesem Sinne gelingt die Inklusion innerhalb einer plurinationalen Gesellschaft. Auf der anderen Seite werden die Eltern indigener Gemeinschaften ‚ausgeklammert‘, die aus diversen Gründe, sei es keine Zeit zu haben, da auf dem Feld gearbeitet werden muss, nicht genug Geld für den Bus in die Gemeinde zu besitzen oder keine Betreuung für jüngere Kinder zu finden, nicht zum Elternabend kommen können. Maßnahmen, um die Partizipation indigener Menschen, die in ärmeren Verhältnissen leben, sicherzustellen, werden nicht getroffen. Außerdem wird das Thema Menschenhandel nicht auf die Besonderheiten der Konstellationen indigener Gemeinschaften und ihre Sozialen Probleme bezogen.

Die Semana Internacional de la Prueba[140] ist eine jährlich weltweit abgehaltene Woche Ende November, währenddessen sich BürgerInnen in bestimmten Institutionen kostenlos auf HIV und sexuell übertragbare Krankheiten testen lassen können. Als die dazugehörige Messe des IDH, welche im eigenen Gesundheitszentrum stattfand, organisiert wurde, wurde Werbung dafür durch Aufrufe im Radio sowie das Verteilen von Flugblättern gemacht und es wurde auf die Mundpropaganda gesetzt. Die ausschließlich in spanischer Sprache verfassten Flyer wurden überwiegend in urbanen Zentren verbreitet, Plakate waren nur in bürokratischen Einrichtungen in Städten zu finden, wobei hier auch Kampagnen anderer Institutionen als dem IDH miteinbezogen werden. Wer in Bolivien jedoch im Besitz eines Radios ist, ist fraglich. Indigene Völker in ruralen Gegenden haben selten Zugang zu den Sendungen im Radio. Auch die Mundpropaganda unter ihnen dürfte gering ausgefallen sein, da HIV nach wie vor ein Tabuthema in der bolivianischen Gesellschaft, vor allem dem indigenen Anteil davon, ist. Dies entstammt nicht zuletzt ihren Verbindungen zu und ihrem Wissen über naturmedizinische Verfahren, woher auch das Misstrauen gegenüber klassischer Schulmedizin rührt. Geschürt wird dieses Misstrauen gegenüber ‚professioneller bzw. externer‘ Hilfe durch die Aussagen einiger katholischer Pfarrer, die behaupten, HIV existiere nicht und der gesundheitliche Zustand sei eine Strafe Gottes, welche durch Beichte und Buße tun gemildert werden kann.[141] Die Verwurzelung indigener Menschen in der Natur und ihrer Spiritualität wird in folgenden Kapiteln immer wieder aufgegriffen.

---

[139] Versammlungen, übersetzt von der Autorin
[140] Internationale Testwoche, wörtlich übersetzt von der Autorin; österreichisches Pendant dazu: Europäische HIV-Hepatitis Testwoche
[141] Gespräche der Autorin mit MitarbeiterInnen des IDH und Pfarrern katholischer Kirchen

In der Gemeinwesenarbeit des IDH ist die Ombudsstelle Observatorio Comunitario[142] anzusiedeln. Ihr ethischer Bezugsrahmen ist die AEMR sowie die Partizipation und das Empowerment Betroffener. Hiermit meint die Verfasserin, dass das Observatorio Comunitario aus Voluntari@s[143] besteht, die selbst Opfer von Menschenrechtsverletzungen waren oder sind, oder auch nur mit HIV leben, ohne Diskriminierungen ausgeliefert zu sein. Diese Ehrenamtlichen sind dafür zuständig Bewusstseinsbildung auf der Straße mit dem Fokus auf die Menschenrechte zu betreiben. Außerdem nehmen sie Meldungen zu Menschenrechtsverletzungen entgegen und besprechen sie mit festangestellten MitarbeiterInnen des IDH, welche daraufhin gewisse Interventionen setzen. Diese Maßnahmen kann man sich als Besuch des diskriminierenden Chefs oder als gemeinsame Vermittlung mit den DorfvorsteherInnen unter Familienmitgliedern vorstellen. Anhand der Arbeit mit Freiwilligen des Observatorio Comunitario wurde ersichtlich, dass die Bildungsarbeit auf der Straße nur in Städten stattfindet, die Bekanntheit des Observatorio Comunitario sehr begrenzt ist und, dass keine Konzepte bestehen, die Informationen in leicht verständlicher Sprache, auch auf anderen Sprachen, zu vermitteln oder zugänglich zu machen.

Als letzter Punkt, um zu den erkannten Zugangsbarrieren des IDH überzuleiten, möchte die Autorin eine anerkannte Praxis ihrer Berufspraktikumsstelle darstellen. Alle MitarbeiterInnen waren vor ihrer Festanstellung freiwillige HelferInnen des IDH. Der Lohn für Freiwilligenarbeit ist gering und der relative Aufwand immens. Übernommen werden nur MitarbeiterInnen, die sich im ständigen Beweisen profiliert haben, die gebildet ‚genug' sind und die aus bürgerlichen Verhältnissen stammen. Die Autorin hat ehrenamtliche HelferInnen kennengelernt, die seit Jahren kostenlos für das IDH oder andere Organisationen arbeiten, da es ihnen Lebenssinn gibt, sie sich mit ihren Sozialen Problemen und den daraus entstehenden Herausforderungen, meist ihrer Erkrankung, ‚besser in Einklang bringend' identifizieren können und sie aufgrund gesellschaftlicher Stigmatisierungen sonst keine Anstellungen finden. Trotzdem müssen sich schlussendlich die Betroffenen, meist mit indigenem Hintergrund, mit einem lächerlichen Lohn ‚über Wasser halten', während ohnehin schon besser gestellte MitarbeiterInnen des IDH ihnen das Gefühl vermitteln, für die ‚wichtige' Arbeit nicht zu genügen.

Schlussfolgernd und zusätzlich aus obigen Analysen lassen sich einige Zugangsbarrieren feststellen, unter denen die angestrebte Niederschwelligkeit des IDH

---

[142] Kommunale Beobachtungsstelle, frei übersetzt von der Autorin
[143] Freiwillige HelferInnen, frei übersetzt von der Autorin; @ bezeichnet im bolivianischen Spanischen die männliche und weibliche Geschlechtsform

massiv leidet. Die Autorin wird an dieser Stelle zur Beantwortung ihrer Unterfragen Verbesserungsvorschläge und weitere Barrieren im Hinblick auf die Beseitigung dieser Zugangsbarrieren einbringen. Die MitarbeiterInnen des IDH müssten sich auf indigenes Klientel einstellen, indem sie beispielsweise einen Sprachkurs, Quechua oder Aymara, absolvieren, sich die Webkunst indigener Menschen, verstanden als Prozess der Verarbeitung von Alltags-, aber auch einschneidenden Ereignissen, aneignen oder anderweitig mit der andinen Kultur in Kontakt kommen und in einen Dialog treten können. Zusätzlich dazu müsste auch das Informations- und Aufklärungsmaterial des IDH in mehreren Sprachen verfasst sein und mit einer breiteren Reichweite, auch in ländlichen Regionen, verteilt werden. Nur so kann Partizipation indigener Menschen an den eigenen Angeboten entstehen. Eine Ressourcenorientierung findet in der Arbeitsweise des IDH überwiegend nicht statt, abgesehen von Kooperationen mit einzelnen institutionellen Parteien oder Betroffenen, da kein systemischer Denk- und Interventionsansatz vertreten wird bzw. bekannt ist. Das Empowerment lokaler, meist indigener Bevölkerungsgruppen findet überhaupt nicht statt. Aber auch einfach marginalisierte BürgerInnen, aufgrund welcher sozialer Zugehörigkeiten auch immer, werden im und durch das IDH nicht empowert. Hierzu sollte IDH ein Konzept entwickeln. Die breite Mehrheitsbevölkerung allerdings profitiert sicher von der Bildungsarbeit des IDH. Jedoch kann eine Bewusstseinsbildung in ruralen Gebieten, mit vulnerableren Zielgruppen als in den Wirtschaftszentren des Landes, aufgrund fehlender Ausweitung der Unterstützungsangebote des IDH, nicht angeregt werden. Als weitere Zugangsbarrieren fallen der Verfasserin die verschlossenen Türen beider Zentren und die abweisend wirkenden Eisentore des IDH sowie die schwierige Erreichbarkeit und die Unbekanntheit des IDH in der bolivianischen Gesellschaft ein. Allerdings stellt sich hierbei die Frage, ob von einer nationalen NGO erwartet werden kann, dass sie landesweit agiert und bekannt ist.

5.2 Erreichung der indigenen Bevölkerung

Vorab möchte die Autorin auf ihren theoretischen Überbau in Kapitel 4 verweisen. An dieser Stelle sind Theorien und Methoden ausgewählt, die ihr für eine Indigene Soziale Arbeit passend erscheinen. Außerdem möchte sie konstatieren, dass in ihren Augen alleinig lokale bzw. regionale NGOs, natürlich in Vernetzung mit anderen Organisationen auf lokaler, nationaler und internationaler Ebene, indigene Menschen erreichen können. Dies bedeutet jedoch nicht, dass nationale und internationale NGOs nicht dazu verpflichtet wären ihr Angebot und ihre Niederschwelligkeit an die gesellschaftlichen

Begebenheiten, im bolivianischen Falle an eine plurinationale Bevölkerung anzupassen. Jede sozialarbeiterische Fachkraft kann unter bestimmten Voraussetzungen und Verwendung spezifischer Methoden, ganz egal in welchem institutionellen Kontext sie tätig ist, mit indigenem Klientel arbeiten, es unterstützen und zur Verbesserung ihres gesellschaftlichen Stands beitragen. Außerdem hat sie eine ethische Verpflichtung, die AEMR, die zum notwendigen Empowerment indigener Menschen führt.

Wie in Unterkapitel 5.1 erwähnt, eignet sich die Ressourcenorientierung in der Indigenen Sozialen Arbeit und ist unter keinen Umständen zu vernachlässigen, da ansonsten Interventionen wirkungslos und vor allem als nicht nachhaltig verblassen. Dies begründet sich durch die andinen Gemeinschaftsformen. Um diese Arten sozialer Gemeinschaft besser zu verstehen, möchte die Verfasserin verschiedene Ausprägungen davon beschreiben. Durch die in Unterkapitel 4.3 angeführte andine Kosmovision des Buen Vivir wird aufgezeigt, dass unter indigenen Gemeinschaften Südamerikas ein, dem Globalen Norden konträres, Verständnis von Gemeinschaft, Zusammenhalt, Individualität und Lebenssinn besteht. So leben sie häufig in ländlichen Gebieten auf ihrem selbstverwalteten Land, sofern es ihnen nicht im Zuge des Kolonialismus geraubt oder durch heutige Staatsentscheidungen eines Landes aberkannt wurde, in eigenregulierten Kommunen. Sie besitzen ihr eigenes Rechtssystem, eigens ernannte Ämter, die von auserwählten Mitgliedern ausgefüllt werden und ihr Wissen über Landwirtschaft und nachhaltigen Anbau sowie besondere Vorstellungen über die Zukunft. Generell ist ihr Verständnis von und ihr Verhältnis zum Gegensatzpaar Vergangenheit und Zukunft nicht mit den Ansichten hierzu im Globalen Norden zu vergleichen. So wird beispielsweise in Bolivien die Verehrung der Toten, sich zeigend in dem sich Kümmern um rastlose Seelen, umherirrend auf Erden als Geister, in der Form praktiziert, dass Totenschädel erworben, zu Hause gepflegt und in Liebe gehalten werden. Im Verständnis der Lebenden wohnt einem Totenschädel die rastlose Seele als Geist inne, findet Ruhe im Heim des Pflegenden, welcher wiederum merkt, wann die Seele zur Ruhe gekommen ist und den Totenschädel schlussendlich vergräbt. Dieser Brauch ist gleichzeitig Schutz für das Leben desjenigen, der sich kümmert und eine Verbindung zu den Ahnen.[144]

Außerdem wird in den und durch die indigenen Befreiungsbewegungen Kapitalismuskritik geübt und der Diskurs zur Findung eines alternativen globalen Wirtschaftssystems eröffnet. Hieraus und aus dem indigenen Ur-Wissen entstanden und entstehen andersgestaltete, innovative Herangehensweisen zur Abwehr des globalen Klimawandels, wie beispielsweise die Rechte der Mutter Erde, die in Unterkapitel 5.3

---

[144] Kowol, Michalina (2021)

aufgegriffen werden. Allerdings werden die Lebensgemeinschaften indigener Menschen, ihre Ausgestaltung und ihr Nutzen für gelingendes soziales und gerechtes Zusammenleben in einer globalisierten Welt oft idealisiert, vor allem in wissenschaftlichen Beiträgen des Globalen Nordens in ihrer Perspektive auf den Globalen Süden.[145] Ersichtlich wird hier der ausschlaggebende Eurozentrismus, der nicht an dieser Stelle, sondern in Unterkapitel 9.1 ausgeführt wird. Da Kultur niemals als abgeschlossen und abgegrenzt angesehen werden kann, also als nicht statisch und in stetiger Bewegung gesehen werden muss,[146] möchte die Verfasserin anhand der Beschreibung ihrer Unterkunftszeit bei einer indigenen Gastfamilie in Bolivien die unterschiedlichen, völlig individuellen Ausprägungen alltäglichen Lebens indigener Menschen bzw. in indigenen Gemeinschaften aufzeigen. So sind keine Abstufungen bzw. Einstufungen, inwieweit indigene Menschen ‚noch‘[147] in ursprünglicher Form in ihren Kommunen leben, treffend, da dies sehr stark von den jeweiligen Grundbedingungen bzw. Lebensverhältnissen indigener Individuen abhängt. Weiters wird dies davon mitbeeinflusst, welchen sozialen Zugehörigkeiten sie gerecht zu werden haben und inwieweit sie sich mit ihrer Indigenität identifizieren. So veränderten sich die Lebensweisen indigener Gesellschaften und die Beziehungen indigener Menschen untereinander mit der bis heute bestehenden und sich reproduzierenden Übernahme der Gesellschaftsformen des Kolonialismus. Dies bedeutet die ‚reichen Weißen‘ befinden sich zuoberst, die indigene Landbevölkerung, indigene Minderheiten, Kranke, Arme, vulnerable indigene Menschen, AfrobolivianerInnen, etc. zuunterst, und die Mittelschicht, bestehend aus ‚Weißen‘, MestizInnen, urbanen Indigenen, usw., dazwischen, wobei auch innerhalb der Mittelschicht eine Hierarchie besteht.

Die oben genannte indigene Gastfamilie, bei der die Autorin für fünf Wochen aufgenommen wurde, lebte in der Zona Sur[148] Cochabambas in einem schnell errichteten Einfamilienhaus aus Beton und Ziegeln. Das kleine Grundstück wurde mit Beton ummauert und der unbefugte Zutritt durch ein Eisentor verhindert. Vom Hinterhof

---

[145] Vgl. Lutz, Ronald (2021)
[146] Vgl. Treibel, Annette (1999)
[147] Vgl. nicht statischer Kulturbegriff
[148] Südzone, frei übersetzt nach der Autorin; Die bolivianische Stadt Cochabamba unterteilt sich in die Zona Norte und die Zona Sur (nördliche und südliche Zone), die durch den Río Rocha (río = Fluss; rocha = Rodung auf Spanisch, Felsen auf Portugiesisch; übersetzt von der Autorin) getrennt sind. Unter den Cochabambin@s (BewohnerInnen Cochabambas) gilt die Nordzone als reich, im Besitz von (Grund-)Wasser und einer stabilen Stromzufuhr, gebildet und bessergestellt. Konstant fließende Wasseranschlüsse gibt es auch nur dort. Im Stadtzentrum hat sich die Mittelschicht angesiedelt, wohingegen in der Südzone überwiegend indigene Menschen ihr Zuhause haben. Dort ist kein Verlass auf Stromanschlüsse und fließendes Wasser. Sie besitzen große Wassertanks auf den Dächern, keine Heizkörper und streichen auch ihre Wände zur Verzierung nicht bunt an. Die Bauten werden nach dem Rohbau so belassen. An dieser Stelle möchte die Autorin darauf hinweisen, dass in ganz vielen Teilen und Ecken der Erde die Realität in urbanen Zentren sich genauso abbildet, beispielsweise in den Favelas in Brasilien.

ausgehend jedoch verzweigte sich das Gelände in andere Grundstücke mit gleichartigen Häusern, die im Besitz von Angehörigen sind. So musste die Verfasserin erfahren, dass, wenn sie allein zur Volleyballhalle im nächsten cuadro[149] geht, sie fünf Minuten länger einmal um den Block läuft, dass aber, wenn sie mit den Töchtern ihrer Gastmutter mitgeht, sie schneller ist, da sie durch sechs Häuser, quer durch die Wohnungen derer Verwandten läuft, um auf der anderen Seite des Blocks wieder herauszukommen. Die gelebte Familienform allerdings entsprach mehr einer ‚klassischen nordamerikanischen Kleinfamilie‘, als beispielsweise den ‚Extended Families‘ in Afrika. Die überwiegende Familienfreizeit wurde mit Mutter, Vater und zwei Töchtern verbracht. Es wurde traditionell gekocht, von Hand gewaschen, obwohl eine Waschmaschine vorhanden war, und der Maté[150] abends vor dem Schlafengehen eingenommen. Nordamerikanische Bräuche aber, wie der Brunch am Sonntag, das Halloweenfest und Babyshowers[151] wurden ebenso praktiziert. Die Mitglieder dieser Familie sind christlich und entstammen dem Volk der Quechua. Allerdings sprechen nur die Eltern Quechua. Somit konnte die Autorin beobachten, dass zwar gesund und nahrhaft gekocht wurde, ein tiefes Wissen um Haushaltsführung und -planung, wozu die richtige Lagerung unterschiedlicher Gemüsesorten, das Verarbeiten von Lebensmitteln, usw. zählt, hohe Kenntnisse der Landwirtschaft und Hand(werks)arbeit, und viele andere, von der Verfasserin nicht einmal erkennbare, Kompetenzen, die dem indigenen Erbe entstammen, besessen werden, jedoch die Identifikation mit der eigenen Indigenität verneint, die Weitergabe indigenen Wissens verweigert und durch die eigene indigene Abstammung Scham hervor gerufen wird. Dies führt zu einem Spannungsfeld innerhalb der eigenen Identität, zu einer Unvereinbarkeit der eigenen Person.[152] Durch viele nächtliche Dialoge am Küchentisch der Gastfamilie näherte sich das gegenseitige Verständnis einander an. Dadurch konnte die Autorin erst zu ihrer Analyse kommen und das gemeinsame Nebeneinanderstehen lassen unterschiedlicher Perspektiven wurde aktiv gelebt. Wiederum in den professionellen Kontakten mit indigenen Menschen als Praktikantin des IDH, zusammen mit MitarbeiterInnen des IDH, wurden die gegenseitigen Ressentiments und das beidseitige Unverständnis offensichtlich spürbar.

Mit vorigem Absatz möchte die Autorin beispielhaft die Vielfältigkeit indigener Lebensrealitäten darstellen, um zur methodischen Arbeit in der Indigenen Sozialen Arbeit überzuleiten. Durch die obige Darstellung kristallisieren sich die Realitäten in der

---

[149] Block, übersetzt von der Autorin
[150] Lateinamerikanischer koffeinhaltiger Kräutertee, der aus dem Mate-Strauch gewonnen wird, Erklärung der Autorin
[151] Ein von den Eltern eines ungeborenen Kindes veranstaltetes Fest, bei denen die Gäste Geschenke an das Baby übergeben, um die baldige Empfängnis zu feiern, Erklärung der Autorin
[152] Vgl. Cumart, Nevfel (1996): Zwei Welten. Gedicht.

Indigenen Sozialen Arbeit heraus und es wird verständlich, weshalb sich die Lebensweltorientierung nach Hans Thiersch (2012) anbietet. Im Folgenden werden nur wenige von vielen möglichen Methoden und Beispielen von NGOs genannt, um den Rahmen dieser Arbeit nicht zu sprengen. Der sozialarbeiterische Nutzen des Buen Vivir ergibt sich „durch die Erfahrungen solidarischer Tätigkeiten"[153], die aus „Ideen von einem Handlungsraum, der Menschlichkeit, Nächstenliebe, Gemeinsinn und Anerkennung"[154] entstehen, die „im Subjekt ein Bewusstsein"[155] ermöglichen, „Teil eines Ganzen zu sein, auch der Natur, und doch auch eine unverwechselbare Person zu entfalten"[156]. Im Ubuntu liegt dieser Nutzen im Gemeinschaftssinn, also im afrikanischen Humanismus, und zwar deswegen, da dies einen Anknüpfungspunkt für eine ressourcenorientierte, nachhaltige, selbstbefähigende und -ermächtigende Indigene Soziale Arbeit eröffnet.

Schlussfolgernd ist zu konstatieren, dass sich viele Instrumente und Werkzeuge eignen, sofern den VerwenderInnen und BenutzerInnen die Lebensrealitäten und ihre Kontexte bewusst sind und diese auch entsprechend berücksichtigt und miteinbezogen werden. Jedoch können nicht einfach europäische und nordamerikanische Methoden für den Globalen Süden abgewandelt werden.

5.3   Nachhaltige Interventionen als bleibende Verbesserung

Nachhaltigkeit ist ein altbekanntes Dilemma in der (Entwicklungs-)Zusammenarbeit bzw. internationalen Kooperation vor Ort. So werden viele Projekte nach dem Top Down Prinzip organisiert und sind deswegen auch nicht nachhaltig. Hinzukommend wird indigenes Wissen nicht in die Projektplanungen und (sozialarbeiterischen) Lösungsstrategien miteinbezogen, also kein Globaler Sozialer Dialog angestrebt. Viele PraktikerInnen berichten, dass sich ihre aufgebaute und etablierte Arbeit in indigenen Gemeinschaften nach Ende der Interventionen ‚im Sande verläuft'.[157] Hierzu erinnert sich die Autorin an ihren Aufenthalt 2018 im Norden Viet Nams, bei dem sie als Managerin zweier Hostels über mehrere Monate versuchte ein Unterstützungsprogramm für die im Dorf lebenden, obdachlosen Kinder im Dialog, der sich als herausfordernd darstellte, mit der indigenen Dorfgemeinschaft zu initiieren. Es wurden herausragende Verbesserungen erreicht, die jedoch nach ihrer Abreise nicht weiter verfolgt wurden.

---

[153] Lutz, Ronald (2021), S. 177
[154] Lutz, Ronald (2021), S. 177
[155] Lutz, Ronald (2021), S. 177
[156] Lutz, Ronald (2021), S. 177
[157] Vgl. Rothenberger, Stella (2021)

Nachhaltigkeit entsteht aus Armutsbekämpfung und dem CBD, da (I)NGOs nicht einmalig aus internationaler Solidarität heraus Hilfspakete schicken, sondern mit den Betroffenen zusammen im GSD Lösungsstrategien entwerfen und somit ihnen das Projekt zu eigen machen.[158]

Viele Methoden der nationalen NGO IDH sind positive Beispiele für eine nachhaltige Soziale Arbeit mit einer breiten Zielgruppe, also eine Bewusstseinsbildung in der Mehrheitsgesellschaft anzuregen, die (die Zielgruppe) jedoch nicht als treffend mit der Indigenen Sozialen Arbeit zu verwechseln ist. Nichtsdestotrotz können manche dieser Ansätze auch in der Indigenen Sozialen Arbeit angewendet werden, wie zum Beispiel die Bildungs- und Gemeinwesenarbeit nach dem ‚Schneeballsystem', die Gemeinwesen-, Aufklärungs- und Straßenarbeit des Observatorio Comunitario oder die Bewusstseinsbildung über abendliche Versammlungen mit Eltern oder anderen AdressatInnengruppen.

Ein anderes Positivbeispiel liefert die lokale NGO AIM Sierra Leones mit ihrem „Income Generating Activities Project (IGAs)"[159] zur „selbstbestimmten Armutsbekämpfung"[160]. Hierbei werden sogenannte Mikrokredite an „Privatpersonen oder kleine Unternehmen"[161] vergeben, „um diese beim Aufbau eines Einkommens in den Gemeinschaften und ihren Strukturen [...] zu unterstützen"[162]. Ganz im Sinne des Ubuntu wird im Falle der NGO AIM in der indigenen Gemeinschaft gemeinsam entschieden, wer zuerst und darauffolgend, usw. einen Kredit bekommt.[163]

Eine andere Perspektive auf eine nachhaltige, eine ganzheitliche Indigene Soziale Arbeit ist im GSD verborgen, im gegenseitigen Voneinander-Lernen, wozu nur einem Exkurs gleich wenige Aspekte angeführt werden. So könnten beispielsweise SozialarbeiterInnen von indigenen Gemeinschaften erlernen nachhaltiger zu handeln, also neue Sichtweisen und Handlungskompetenzen im Bereich des Klimaschutzes erwerben, beispielsweise im Hinblick auf Green Social Work[164].[165] Dies *ist eine Strömung in der Sozialen Arbeit, die von einer engen Verknüpfung von sozialen und ökologischen Themen in den modernen Gesellschaften ausgeht. Diese äußert sich insofern, als dass marginalisierte Bevölkerungsgruppen, das heißt Menschen, die am*

---

[158] Lutz, Ronald (2021), S. 182
[159] Rothenberger, Stella (2021), S. 175
[160] Rothenberger, Stella (2021), S. 174
[161] Rothenberger, Stella (2021), S. 174
[162] Rothenberger, Stella (2021), S. 174
[163] Rothenberger, Stella (2021), S. 174-177
[164] „Neben „Environmental Social Work" (Gray, Coates & Hetherington 2013a) werden, je nach Autor*in, auch die Bezeichnungen „Ecological Social Work" (McKinnon & Alston 2016a; Matthies & Närhi 2017a), „Ecosocial Work" (Boddy & Ramsay 2017) oder „Green Social Work" (Dominelli 2012, 2018) verwendet." (Tann 2019, S. 9-10)
[165] Vgl. Straub, Ute; Rott, Gerhard; Lutz, Ronald (2020), S. 221-235

Rande der Gesellschaft stehen und deren soziale Teilhabe in der Folge stark eingeschränkt ist, schädigenden Umwelteinflüssen am häufigsten und am stärksten ausgesetzt sind (McKinnon & Alston 2016b: 2). Eine alleinige Betrachtung der sozialen Komponente von Problemlagen ist aus dieser Perspektive heraus ungenügend, es müssen vielmehr genauso die ökologischen Aspekte, die soziale Probleme mit bedingen, berücksichtigt und bearbeitet werden, um eine nachhaltige Lösung zu erreichen (ebd.: 3). Im Vordergrund dieser ganzheitlichen Sichtweise steht dabei die Abkehr vom in modernen Gesellschaften vorherrschenden Anthropozentrismus (Besthorn 2013: 40) hin zu einem ökozentrischen Weltverständnis, das nicht ausschließlich den Menschen, sondern die gesamte belebte Natur in den Mittelpunkt des menschlichen Wertesystems stellt (Gray, Coates & Hetherington 2013a: 320). „Ecological Justice" als ökozentrisches Gerechtigkeitsprinzip (siehe Kapitel 2.1.1) wird somit zum Leitbild und übergeordneten Ziel"[166]. „Nicht umsonst wird *Buen Vivir* in der Postwachstumsdebatte und als Belege für die Chancen eines „grünen Wachstums" rezipiert (Fatheuer 2011)."[167] Demnach ist das erlernte Wissen um nachhaltige Landwirtschaft auf politischer Ebene im Bestreben gegen den Klimawandel, einzusetzen, wovon auch indigene Völker weltweit profitieren. Bis jetzt gibt es wenige Versuche eine Indigene und eine Grüne/Nachhaltige Soziale Arbeit zusammenzuführen, obwohl es nach Meinung der Autorin gewinnbringend für beide Parteien, viel mehr noch für alle Menschen dieser Erde wäre.

Eine sozialarbeiterische Fachkraft arbeitet in der Indigenen Sozialen Arbeit also zusammen mit einem Volk, welches ursprünglich selbst sich zu reproduzieren, sich am Leben zu erhalten, aber auch sich zu regulieren weiß. Anhand davon lässt sich erkennen, dass indigene Gemeinschaften eine gewisse Resilienz besitzen und man sogar von Resonanz sprechen kann. „In Beziehungen wächst das Subjekt, nur so kann dessen Stärke (Resilienz) erst möglich werden (Rosa 2019). Hierzu müssen Weltbeziehungen partizipative und dialogische Gemeinschaftsstrukturen sein, die zur Anverwandlung von Welt führen (Lutz 2017). […] Resonanz als ein soziales Konzept ermöglicht diese Fähigkeit der Anverwandlung von Welt."[168] Als Beispiel lassen sich hier die zigfachen indigenen Bewegungen[169] anführen[170], woraus auch die bolivianischen Rechte der Mutter Erde entstanden, die in staatliche Verfassungen aufgenommen wurden. Aus Sicht der indigenen Völker Südamerikas ergibt sich aus der Einheit von Mensch und Natur der universale Anspruch menschliches Leben sowie alle

---

[166] Tann, Simone (2019), S. 9
[167] Lutz, Ronald (2021), S. 176
[168] Lutz, Ronald (2021), S. 180
[169] Beispielsweise die Zapatisten Mexikos
[170] Vgl. Lutz, Ronald (2021), S. 174

Erscheinungsformen dieser Erde und des gesamten Kosmos als ein Ganzes zu betrachten, woraus sämtliche rechtliche Ansprüche auf Existenz, Schutz und Reproduzierbarkeit ohne Eingriff zur menschlichen Bedürfnisbefriedigung, dem Anthropozentrismus entstammend, der Pachamama resultieren. Verletzungen der Rechte der Mutter Erde können angezeigt und eingeklagt werden. Die Pachamama fungiert also als eigene rechtliche Partei.[171]

6. Internationale Praxis Indigener Sozialer Arbeit

Wie in Unterkapitel 3.1 dargestellt, wird anstelle eines Globalen Sozialen Dialogs in der Internationalen Sozialen Arbeit und generell der Unterstützungsarbeit sozialer vor allem internationaler NGOs häufig immer noch Entwicklungszusammenarbeit oder sogar Entwicklungshilfe praktiziert, wodurch ein Neokolonialismus auf anderen Ebenen vorangetrieben und auf der eigenprofessionellen Ebene ausgeführt wird. Die folgenden, zueinander konträren Beispiele beziehen sich unter anderem auf Sierra Leone, Afrika und die Ebolafieber-Epidemie seit 2014. Zu benennen ist an dieser Stelle, dass Sierra Leone eine breite indigene Bevölkerung ausmacht[172] und, dass auf Epidemien und Pandemien nur als globale Weltgesellschaft geantwortet werden kann.[173] Die rasante Verbreitung infektiöser Krankheiten ist ein verpflichtendes Handlungsfeld Internationaler Sozialer Arbeit, so die Ansicht der Autorin. Auch in diesem Gedankengang gemeint, dass importierte Krankheiten schon zu Zeiten des Kolonialismus manche indigene Völker fast völlig ausrotteten.[174]

Als Negativbeispiel lässt sich als internationale Praxis Indigener Sozialer Arbeit die vom World Food Programme (WFP) der United Nations[175] zu verantwortende Verteilung von Reissäcken an erkrankte Familien während der Ebolafieber-Epidemie in einem sierra-leonischen Dorf erwähnen. Diese Hilfe war effektiv und effizient gedacht, da jedoch kein Reis an andere, nicht infizierte Familien im Dorf ausgegeben wurde, sind diese Familien zu den Erkrankten auf Besuch gekommen, um mit ihnen Reis zu essen.[176] Im Wissen um die Gesellschaftsvision Ubuntu leuchtet dieses Resultat völlig ein. Die lokale NGO Amazonian Initiative Movement (AIM) in Sierra Leone wiederum entwickelte zur

[171] Sólon, Pablo; u. a. (2018), S. 156-157, 162-172
[172] Rothenberger, Stella (2021)
[173] Wie beispielsweise an der momentanen Coronapandemie seit 2019 anhand der ungerechten globalen Verteilung von Impfstoff erkennbar wird
[174] Vgl. Bundeszentrale für politische Bildung (Hrsg.) (2019)
[175] Vereinte Nationen
[176] Rothenberger, Stella (2021), S. 361

Eindämmung des Ebolafieber Herangehensweisen, die die regionalen Besonderheiten, den Glauben an Witchcraft[177], den Gemeinschaftssinn, fehlende Bildung und vulnerable Lebensverhältnisse berücksichtigte.[178] „Die NGO AIM stimmte jedes einzelne Programm mit den *Paramount Chiefs[179]* unterschiedlicher Gebiete ab und konnte somit flächendeckend [...] arbeiten."[180] „Die lokale Organisation AIM erkannte bereits zu Beginn der Epidemie – durch den direkten und kontinuierlichen Kontakt zu sierra-leonischen Communities – zahlreiche Möglichkeiten, die schnelle Verbreitung von Ebola zu unterbinden, erhielt jedoch keine finanzielle Unterstützung von INGOS."[181]

Als Positivbeispiel führt die Autorin die Organisation Global Fund for Community Foundations (GFCF) an, die sich 2016 „unter dem Motto #ShiftThePower und mit dem Ziel, ein Netzwerk unter gleichgesinnten Organisationen aufzubauen"[182], gegründet hat. Die GFCF spricht hierbei von einem „real people-led development"[183] und der Umverteilung (internationaler) geldlicher Ressourcen auf kommunale Ebenen, sprich NGOs und andere Organisationen, wenn „inclusion, dignity and justice"[184] erfüllt werden wollen bzw. sollen.[185]

6.1 Dialog zwischen Indigenität und (Indigener) Sozialer Arbeit

Die Autorin möchte zur Beschreibung eines möglichen Dialogs zwischen Indigenität und (Indigener) Sozialer Arbeit mit einem Exkurs über den Diskurs bzw. Kontrast zwischen einem ‚westlichen' Wissenschaftsbegriff inklusive seiner Gesetze von Wissenschaftlichkeit, und indigenem Wissen einführen, da es ihr relevant erscheint, um die Lebensrealitäten indigenen Klientel im Sinne Hans Thierschs (2012) verstehen zu können und auch im Hinblick auf ein erfolgreiches Empowerment indigener Menschen und die Auftragsklärung für die Soziale Arbeit. Indigene Weisheiten, Rituale, Bräuche, usw. wurden im Zuge des Kolonialismus entweder ausgerottet oder unterdrückt und das

---

[177] „kulturelle und religiöse Betrachtungen" (Rothenberger 2021, S. 85), „Um Gesellschaft in Afrika in all ihren Ausprägungen verstehen zu können, ist ein Blick in die gegenwärtige Vorstellung von Hexerei wichtig. Der Glaube an Hexerei ist in Subsahara-Afrika weit verbreitet und gilt als virulent." (Rothenberger 2021, S. 89), „Zeitgenössische *Witchcraft* sollte jedoch nicht lediglich als afrikanische Tradition angesehen werden, da die mit der *Witchcraft* verbundenen gesellschaftlichen und kulturellen Auffassungen nicht nur beibehalten, sondern kontinuierlich auch dem modernen Kontext angepasst werden." (Rothenberger 2021, S. 90)
[178] Rothenberger, Stella (2021), S. 360
[179] Vgl. für weiteres Verständnis Rothenberger, Stella (2021), S. 43
[180] Rothenberger, Stella (2021), S. 360
[181] Rothenberger, Stella (2021), S. 360-361
[182] Rothenberger, Stella (2021), S. 357
[183] Rothenberger, Stella (2021), S. 357
[184] Rothenberger, Stella (2021), S. 357
[185] Rothenberger, Stella (2021), S. 357

europäische Wissenschaftsverständnis von Logik und Vernunft, von ‚Rationalität steht über allem' wurde den südlichen Kulturen übergestülpt. Daraus entstand und entsteht, sich reproduzierend, eine Beherrschung ursprünglichen Gedankenguts, eine Kolonialisierung von Wissen, Tradition und Lebensform, wie sie auch Paulo Freire in seiner Befreiungspädagogik ausführt[186], die bis heute anhält. „„Die Herrschaft, die der Dialog impliziert, ist die Beherrschung der Welt durch die im Dialog Befindlichen" (Freire 1973, 72)."[187] Die im Globalen Norden vertretenen Regeln beispielsweise der empirischen Datenerhebung oder der Verifizierbarkeit bzw. Falsifizierbarkeit von Theorien unterstellt indigenen Wissenssystemen Unwissenschaftlichkeit, zu esoterisch zu sein und erklärt es deswegen für nicht daseinsberechtigt oder rezipierwürdig. Anzumerken ist, dass sich viele entwickelte Theorien und methodischen Konzepte europäischer und nordamerikanischer Sozialwissenschaften indigener Kosmo- und Gesellschaftsvisionen bedienen, ohne darauf hinzuweisen oder es überhaupt zu wissen und, dass im Zuge der Indigenisierung der Sozialwissenschaften indigene Ansätze für den Globalen Norden nutz- und implementierbar gemacht wurden und werden. Hier ist nochmals die Biopiraterie zu erwähnen, worunter beispielsweise die Patentierung von Saatgut indigener Völker durch Großkonzerne zu zählen ist.[188] Auch werden, als Beispiel naturmedizinische Heilsalben mit indigenen Pflanzen und Rezepturen im Globalen Norden vermarktet und zu unrechtmäßigem Geld gemacht, wie beispielsweise im Bereich der Phytotherapie[189]. Trotz des offensichtlichen Nutzen indigenen Wissens wird es im globalen Wissenschaftsdiskurs ignoriert und es werden neokolonialistische Praktiken betrieben, was die Fülle an indigenen Lebensweisheiten nach und nach ausmerzt. Mbembe (2016) und Sarr (2019)[190] „kritisieren die „imperiale Lebensweise" grundlegend, da sie westlich hegemoniales Wissen als „allgemeines Wissen" durchgesetzt hat."[191]

Auf die Disziplin und Profession Sozialer Arbeit bezogen lässt sich im Bereich des Globalen Sozialen Dialogs zusätzliches Beispiel nennen. So werden im Globalen Süden überwiegend nordamerikanische und europäische Lehrbücher für Soziale Arbeit verwendet, da aufgrund fehlender Forschungen im eigenen Land keine andere Literatur vorhanden bzw. leistbar ist. Es mutet surrealistisch an, wenn in einer sierra-leonischen Universitätsbibliothek in sozialarbeiterischen Büchern Erziehungsphasen anhand westlicher Erziehungsmuster und Lebensrealitäten erklärt werden, welche völlig fernab

---

[186] Freire, Paulo (1973), S. 11, 13-14
[187] Lutz, Ronald (2021), S. 180
[188] Nilles, Bern; Then, Christoph (2003)
[189] „ist die Lehre der Verwendung von Pflanzen bzw. deren Zubereitungen als Heilmittel"
(THERAPIERBAR Vorarlberg 2021/22, S. 32)
[190] Lutz, Ronald (2021), S. 175
[191] Lutz, Ronald (2021), S. 175

afrikanischer Lebenswelten und auch Möglichkeiten sowie Freiheiten liegen.[192] Zwar wurde im Zuge der Indigenisierung der Sozialwissenschaften versucht, ‚westliche' soziale Methoden für die Arbeit mit Bevölkerungen des Globalen Südens bzw. die Soziale Arbeit innerhalb von Gesellschaften des Südens anzupassen und umzumünzen. Der Eintritt in einen Globalen Sozialen Dialog steht jedoch bis heute aus.[193]

Folgend aus den obigen Absätzen möchte die Verfasserin ihre, für diese Arbeit relevante Ansicht eines GSD darstellen, anhand derer sie erklärt, warum eine Indigene Soziale Arbeit, im Verständnis der wissenschaftlichen Fragestellung, immer eine Internationale Soziale Arbeit sein muss. Durch den Dialog nach Paulo Freire, in dem quasi die Lehrerin zur Schülerin wird, und der Schüler zum Lehrer, lässt sich beiderseits Wissen um die gegenseitigen Eigenheiten erlangen, das bedeutet auf Seiten der indigenen Gemeinschaft und der sozialarbeiterischen Fachkraft, so beispielsweise im Verständnis unterschiedlicher Perspektiven auf Spiritualität oder lokales Gewohnheitsrecht, was in Unterkapitel 7.3 aufgegriffen wird. Aus Sicht der Autorin ist im Sozialen Dialog das sich diskursive Annähern an ein drängendes Soziales Problem das Zentrale. Häufig bezieht er sich auf sozialpolitische Themen, wie es anhand des Wahlhandlungsfaches Sozialer Dialog der Fachhochschule Vorarlberg ersichtlich wird. Außerdem bestehen gewisse Ähnlichkeiten mit dem Ansatz des Phenomenon-based Learning. Um jedoch bestimmte Soziale Probleme zu bewältigen, können sie nur in globaler Kooperation und fernab, dem Menschen eigenen Grenzdenken (siehe Kapitel 7.1) gelöst werden, also durch einen GSD, welcher gleichzeitig als neuer Begriff für Entwicklungszusammenarbeit dient. Anhand indigener Lebenswelten wird ersichtlich, dass zur Verbesserung des gesellschaftlichen Standes und zur Sicherung ihrer Lebensgrundlagen nur international gedacht und gehandelt werden kann, weshalb eine Indigene Soziale Arbeit der Internationalen Sozialen Arbeit im Sinne eines GSD unterzuordnen ist. Hierfür benötigt es als SozialarbeiterIn, um den Schritt vom Sozialen Dialog zum GSD zu gehen, im Tripelmandat zu handeln, das heißt die Übernahme der Verantwortlichkeit für das politische Mandat. Hierbei vertritt die Verfasserin die Meinung, dass ein GSD entweder lokal, national oder international, also entweder mithilfe des Bottom Up oder des Top Down Ansatzes angeregt bzw. begonnen werden kann. Allerdings empfiehlt die Autorin den Bottom Up Ansatz, auf der einen Seite um die Rechte indigener Völker zu wahren, auf der anderen Seite, um die Funktionalität und Wirksamkeit zu erhöhen und zusätzlich in der Absicht den eigenen unbewussten Eurozentrismus abzuwehren.

---

[192] Rothenberger, Stella (2021), S. 69-71
[193] Vgl. Straub, Ute; Rott, Gerhard; Lutz, Ronald (2020), S. 12

Nicht zu vernachlässigen ist im GSD der Auftrag an die Internationale Indigene Soziale Arbeit die Stellung indigenen Wissens im globalen Wissenschaftssystem zu verbessern, Bedingungen im Globalen Süden zu schaffen, die nationale Forschungsprojekte und empirische Datenerhebungen ermöglichen, (wofür ein GSD vonnöten ist,) die Gesetzmäßigkeit von ‚Wissen ist Macht' nachhaltig zu verändern, den Imperialismus westlicher Literatur zu stoppen und indigenen Völkern und Menschen eine Stimme zu geben. Außerdem lässt sich in einem GSD auf Augenhöhe voneinander lernen, was zur erfolgreichen Betätigung Indigener Sozialer Arbeit unumgänglich ist, jedoch auch für die Disziplin (Indigener) Sozialer Arbeit und andere Wissenschaften von großem Nutzen sein kann, wie in Unterkapitel 5.3 ausgeführt wird. Einer Indigenisierung der Sozialwissenschaften, sprich einer Idealisierung indigener Lebenswelten sollte die Indigene Soziale Arbeit allerdings entgegenwirken. Nicht zuletzt, um die Aufnahme indigenen Wissens in die internationale Definition Sozialer Arbeit mit Leben und Verstand zu füllen.

6.2   Nationale und internationale Vernetzung – Netzwerkarbeit

Um zur nationalen und internationalen Vernetzung, der Netzwerkarbeit in der Indigenen Sozialen Arbeit überzuleiten, möchte die Autorin auf den herausragenden Aspekt der Sprache hinweisen und vorangestellt ihre Kritik an bestimmten Begrifflichkeiten üben. Sprachliche Bestimmungen, wie Erste, Zweite, Dritte und Vierte Welt, verstanden als ‚die Abgehängten', die ‚Vergessenen', also Staatenlose, indigene Völker, schwererreichbare KlientInnen, und viele marginalisierte Menschen mehr, aber auch das Gegensatzpaar Globaler Süden und Globaler Norden errichten imaginäre Grenzen, schaffen nicht existente Abgründe, Hierarchien, Bewertungen, ungleiche Machtverhältnisse und soziale Ungerechtigkeiten. In einem GSD und dem Versuch der Überwindung nationaler und transnationaler Grenzen (Unterkapitel 7.1) aber ist die Menschheit als Weltgesellschaft, fragmentiert in ihre sozialen Gefüge, untrennbar miteinander verknüpft, auf jedweder denkbaren Ebene überhaupt. Die globale Welt, wie sie im 21. Jahrhundert besteht, und ihre unzähligen Teilbereiche können nicht nicht in Beziehung zueinanderstehen[194] und sie kann durchwegs mithilfe der Kosmovision Buen Vivir betrachtet werden. Für die zukünftige Soziale Arbeit gilt, sich auf neutralere Begriffe zu einigen, die nicht in einer Gegensätzlichkeit zueinanderstehen.

---

[194] Vgl. Langbein, Kurt (2015), S. 7

Sprache ist ein zentraler Punkt Indigener Sozialer Arbeit. So sind (indigene) Sprachen gleichzeitig zur Verständigung auch identitätsstiftend und schaffen Zugehörigkeiten. Sie ziehen jedoch auch Grenzen und bringen Barrieren mit sich. Außerdem sind die vielfachen Sprachen indigener Völker vom Aussterben bedroht.[195] Für eine gelingende Vernetzung bzw. Netzwerkarbeit ergeben sich konkrete praktische Konsequenzen. So ist die Überwindung von Sprachbarrieren vonnöten, ebenso wie das eventuelle zusätzliche Erlernen anderer Sprachen, der mögliche Einsatz von DolmetscherInnen zu organisieren und der kulturelle Erhalt bedrohter Sprachen zu sichern. Dies lässt sich durch den Schutz und Einzug indigener Weisheiten in das globale Wissenssystem erreichen sowie beispielsweise durch die Akzeptanz und das Anerkennen indigener Sprachen als hinzukommende Amtssprachen.

Schlussendlich ist Netzwerkarbeit in der Indigenen Sozialen Arbeit auch deswegen so relevant, weil seit der Indigenisierung bis heute zig einzelne, völlig voneinander entfernte Ansätze Indigener Sozialer Arbeit entwickelt wurden,[196] die kein ‚Großes Ganzes' ergeben und unbedingt zusammengeführt und weiterentwickelt werden sollten. Auch der Einzug Indigener Sozialer Arbeit in die internationalen Lehrstandards Sozialer Arbeit wäre beiderseits gewinnbringend, zielführend und ist nach Meinung der Verfasserin längst überfällig. Dies könnte im Auftragsfeld der Internationalen Indigenen Sozialen Arbeit und der Netzwerkarbeit mit Ausbildungsstätten liegen.

7. Transfer von Theorie zu Praxis

Gerade in der Indigenen Sozialen Arbeit muss immer und fortlaufend der Transfer von Theorie zur Praxis gemeistert werden, mehr noch als in anderen Handlungsfeldern der Sozialen Arbeit, da viele sozialwissenschaftliche Theorien entweder eurozentristisch sind, aber passend für die Soziale Arbeit, oder aber lokale Lebensansätze passend und verwendbar gemacht werden müssen. Für die Beschreibung der Spannungsfelder in der Indigenen Sozialen Arbeit wird die Autorin in ihren folgenden Ausführungen dieses Kapitels ausschnitthaft einige Beispiele aufzeigen.

Obwohl die NGO IDH sich in ihrem Leitbild an der UN-Kinderrechtskonvention orientiert, verharrt sie in ihrer Perspektive und der daraus resultierenden Praxis bzw. Profession auf Interventionen, die sich ausschließlich auf Handlungsmöglichkeiten der

---

[195] Bundeszentrale für politische Bildung (Hrsg.) (2019)
[196] Vgl. Literaturverzeichnis vorliegender Bachelorarbeit

(potenziellen) Opfer beziehen, ohne die eigentlichen Ursachen von Sozialen Problemen zu benennen oder die Klientel zu befähigen diese selbst zu beseitigen (siehe Unterkapitel 5.1). Um für die Leserschaft den Einstieg zum Transfer von Theorie zu Praxis zu erleichtern, zählt die Verfasserin einleitend einige Soziale Probleme auf, die sich in und aus der Indigenen Sozialen Arbeit (mit Andenvölkern) ergeben: Landraub, Wasserarmut, kaum Stromversorgung, extreme Armutsverhältnisse, Kinderarbeit, Bettelkinder, unzureichende Behausungen (Hütten bzw. Slums), Arbeitslosigkeit, Gewalt, häusliche Gewalt, Diskriminierung, Bildungsarmut auf der einen Seite und Nicht-Anerkennung eigener Weisheiten auf der anderen Seite, Verlust der eigenen Sprachen, Drogenmissbrauch, Femizide, Identitätsverluste, fundamentalistische Glaubensausrichtungen, Marginalisierung in gesellschaftlichen Angeboten (**Bildungswesen**, **Gesundheitssystem**, …), Korruption, Anfeindung indigener Völker untereinander durch ehemaligen oder präsenten externen Eingriff des (Neo-)Kolonialismus und seiner Praktiken, Menschenhandel, Kindersterblichkeit, Krankheiten, lebensopfernde Praktiken, usw.. Daraus sucht die Autorin das Soziale Problem des Menschenhandels heraus, um die Vielschichtigkeit, bezogen auf die Mikro-, Meso- und Makroebenen, die Notwendigkeit des Tripelmandats im Sinne von Nachhaltigkeit zur veranschaulichen und es mithilfe der biopsychosoziokulturellen Bedürfnisse Werner Obrechts (siehe Anhang 1) zu durchleuchten. Allein durch die weit verbreitete Praxis des Menschenhandels in Bolivien können auf individueller Ebene als Gesellschaft bestimmte Bedürfnisse nicht befriedigt werden, wie auf biologischer Ebene das 1. und 3. Bedürfnis, auf biopsychologischer Ebene die Bedürfnisse 6, 7, 8, 9, und 10 und auf der biopsychosozialen Ebene die Bedürfnisse 13, 15, 16, 17, 18 und 19. Die genannten Bedürfnisse können nicht alleinig wegen des Menschenhandels nicht erfüllt werden, sondern vielmehr deswegen nicht, da die präventivgedachten Angebote der NGO IDH darauf abzielen, dass durch Gespräche mit Eltern, Kindern und LehrerInnen ein Bewusstsein der Angst vermittelt wird. Dieses resultiert daraus, dass vorgelebt wird, dass allein draußen zu sein für Jugendliche und Kinder eine immense Gefahr darstellt. Hierbei geht es also nur um den Schutz potenzieller Opfer und nicht um die Beseitigung und Verhinderung der Ursachen. Diese Sichtweise reproduziert außerdem den südamerikanischen Machismo, da die Annahme besteht, nur junge Frauen und Mädchen könnten potenzielle Opfer von MenschenhändlerInnen werden. Das eigentliche Soziale Problem wird also gar nicht erst anvisiert, es kommt allein zu einer einseitigen Symptombehandlung auf Kosten der betroffenen bolivianischen Gesellschaft und sozialen Gemeinschaften bzw. Beziehungen. Die Behinderungsmacht des Menschenhandels und dazugehöriger Parteien wird unreflektiert akzeptiert und das bestehende Machtverhältnis als unveränderbar angenommen. Durch die eigenausgeführte Behinderungsmacht, sprich die Interventionen der NGO IDH, wird das Machtgefüge etabliert und reproduziert und die Ausführung von Begrenzungsmacht bezogen auf die ermöglichenden Bedingungen für den Menschenhandel wird nicht angestrebt. Dies noch nicht einmal auf der individuellen Ebene, denn Ängste und Unfreiheit wirken dem Empowerment der Betroffenen entgegen. In einer systemischen Perspektive allerdings ist mit dem Fokus auf Menschenhandel zu fragen, welche Aufträge sich für die Soziale Arbeit auf allen Ebenen, Mikro- Meso- und Makroebene, ergeben, so beispielsweise die Kooperation mit der regionalen Polizei zum Schutze der bekannten Grenze des Menschenhandels zwischen Bolivien und Brasilien. Anhand der Arbeitsweise vieler NGOs auf der ganzen Welt lässt sich erkennen, dass der Fokus auf Opferarbeit und Prävention liegt.[197] Sowohl die Vielschichtigkeit Sozialer Probleme in der Indigenen Sozialen Arbeit sowie politisches Desinteresse und Auftragsgebundenheit durch internationale GeldgeberInnen der NGOs, als auch deren kurzfristige und auf Effizienz gerichtete Lösungsstrategien, verhindern Nachhaltigkeit.

7.1 Überwindung nationaler und transnationaler Grenzen

Ein jeder kennt sie: Staatsgrenzen, Grenzen im Denken (z.B. selektive Wahrnehmung) oder Barrieren im Handeln (beispielsweise durch die AuftraggeberInnen oder die Verhinderung von Zuwanderung). Verhindert werden durch die Summe der vom Mensch gesetzten Grenzen eine globale (Verteilungs-)Gerechtigkeit und die Veränderung internationaler Machtverhältnisse, einschließlich der Umsetzung der AEMR. „Mit Grenzüberschreitungen notwendig verbunden ist somit ein „Sich-Einlassen" auf andere Welten mit anderen Fragen und Lösungen."[198] Dies implementiert auch die Anerkennung verschiedener Denk- bzw. Sichtweisen und das Nebeneinander bestehen lassen dieser sowie den GSD darüber[199].[200] Demnach muss die ISA ihren Blick erweitern im Sinne einer umfassenden Analyse menschlicher und natürlicher Gegebenheiten weltweit, woraus sich die Rollen und Zuständigkeiten der Indigenen Sozialen Arbeit ergeben. „Mut ist gefragt, Grenzen, auch der Wissenschaft, zu überwinden, das Denken aus dem ehernen Gehäuse der Moderne zu befreien und ihm seine Fesseln zu nehmen."[201]

---

[197] Die Kernaussage dieses Absatzes ergibt sich aus Teilnahmen an diversen Fachtagungen und Seminaren unterschiedlichster NGOs weltweit sowie persönlichen Erfahrungen in der Mitarbeit in sozialen Projekten der Autorin.
[198] Wagner, Leonie; Lutz, Ronald; Rehklau, Christine; Ross, Friso (Hrsg.) (2018), S. 11
[199] Vgl. ‚westliches' Wissenschaftsverständnis versus indigenes Wissen
[200] Lutz, Ronald (2021), S. 175
[201] Lutz, Ronald (2021), S. 184

7.2 Ethik der Sozialen Arbeit – Glaube, Spiritualität, Menschenrechte, lokale Gewohnheitsrechte

Einleitender Exkurs dient dem Erreichen eines Verständnisses über die Lebensrealitäten indigener Völker, aber auch der Erleichterung der Entscheidungen auf welchen Ebenen und mit welchen Parteien in der gelingenden Indigenen Sozialen Arbeit kooperiert und interveniert werden muss. Die in der Kolonialzeit herrschende Macht des ‚reichen, fortschrittlichen Nordens über den armen, unzivilisierten Süden' ist untrennbar mit der Missionierung der Bevölkerung durch die katholische und andere Kirchen verbunden. Überwiegend waren die Missionierten bzw. Zu-Missionierenden indigene Völker, die als heidnische Naturreligiöse, ergo als nicht religiös galten. Unter anderem dieses Erbe ist eine der Grundlagen des Eurozentrismus (s. Unterkapitel 9.1).[202] Seit der Missionierung vermischen, verändern und passen indigene Völker den christlichen Glauben und seine Visionen ihren Naturreligionen an. So können indigene Menschen nun auf einem Spaziergang Gott in Form der Mutter Jesu Maria auf einem Stein abgebildet, begegnen. Dieser Stein wiederum wird in der Mitte eines indigenen Gabentisches für die Pachamama platziert.[203] Glücklicherweise entwickelt die katholische Kirche unter dem Papst Franziskus, einem Argentinier, der erste gebürtige Südamerikaner in diesem Amt, seit 2015 verschiedene Schriften und Dokumente, auch als Grundlagen für das Theologiestudium und die Soziale Arbeit, ein Konzept der gegenseitigen Akzeptanz und des gleichberechtigten Dialogs zwischen der römisch-katholischen Kirche und indigener Bevölkerungen.[204] Aktuell gewinnt das Christentum in Ländern des Globalen Südens, insbesondere in Brasilien, jedoch auch abgeschwächt in Bolivien, in Form fundamentalistischer Glaubensausrichtung, wie die evangelikale Kirche sie praktiziert, an immenser Bedeutung und übt großen Einfluss auf die Gesellschaft, Politik und das Individuum eines Nationalstaates aus. Erneut werden ungerechte Machtverhältnisse etabliert, das Recht auf Bildung und Information (Aufklärung) verweigert, und somit die Unterordnung der Frau unter den Mann bedingt. Die Annahme von Armut und ungünstiger Lebensverhältnisse wird im Sinne einer Erlösung im Himmelreich propagiert.[205] Die Gefahr des Evangelikalismus liegt in seiner Manipulation, der Anwerbung gerade vulnerabler Bevölkerungsgruppen mithilfe unrealistischer Versprechungen und Almosen, und der Anfälligkeit indigener Kosmovisionen oder

---

[202] von Paczensky, Gert (2000)
[203] Reise der Autorin nach Sucre, Bolivien im Januar 2022, Besuch des dortigen Museo de Arte Indígena (ASUR – Museum für Indigene Kunst, übersetzt von der Autorin), Webseite: Online im Internet: URL: https://www.soysucre.info/museo-de-arte-indigena-asur/ (Zugriff am 21.03.2022)
[204] Straub, Ute; Rott, Gerhard; Lutz, Ronald (2020), S. 98-99
[205] Straub, Ute; Rott, Gerhard; Lutz, Ronald (2020), S. 415-424

anderer indigener Gemeinschaftskonzepte hierfür. Ein historisches Beispiel für die Ausnutzung naturnaher Glaubensbilder ist die Verwendung eines furchterregenden Geistes im Bergbau in Bolivien ausgehend von der Kolonialmacht Spaniens, der in fratzenhaften Skizzen an die Minenwände gezeichnet wurde. Dies geschah mit der Absicht die dortigen Arbeiter indigener Abstammung in Angst zu versetzen. Dieser Geist wurde tío[206] genannt und wachte, laut der Spanier und im später übernommenen Glauben der Indigenen, über die Schnelligkeit und Effizienz der Minenarbeiter sowie ihren Verbleib für Tage in den Minen ohne Unterbrechung. Im bis heute gültigen Glauben ist der tío eine Gottheit als Götzenbild, die alle Ereignisse und Tragödien des nach wie vor unsicheren Bergbaus erklärt, der mit Geschenken milde gestimmt werden muss und der in seiner Wut Minenunglücke mit Toten und verschwundenen Arbeitern bedingt.[207]

Zum religiösen Fundamentalismus muss die ISA und auch jede NGO eine klare, ablehnende Position beziehen und vor dem Hintergrund der AEMR persönliche Ansprüche und diese von Minderheiten stärken. Dies ist wichtig zu bedenken, da im GSD oft mit christlichen NGOs kooperiert wird bzw. werden muss. Das heißt, die ISA hat sich mit Spiritualität und Glauben in Bezug auf ihre Disziplin und Profession als auch in Bezug auf die Lebenswirklichkeiten indigener Völker auseinanderzusetzen. Ein Teil des Ethikkodex Sozialer Arbeit ergibt sich aus den Geboten von Glauben und Spiritualität (Religionen), wohingegen der andere Teil in einem ethischen Dilemma zum Glauben als Behinderungsmacht steht. Der ethische Kodex der ISA erlaubt den Abgleich religiöser Praktiken mit der nationalen und internationalen Universalität der AEMR.

Im lokalen Gewohnheitsrecht ist es für eine sozialarbeiterische Fachkraft essenziell wichtig zu wissen, dass sie im Moment des Grenzübertritts von Staatsgrund zu selbstverwaltetem indigenem Territorium einem lokalen Gewohnheitsrecht unterworfen ist. Dies bedeutet diese Fachkraft kann im Falle eines rechtlichen Vergehens, da sie sich auf indigenem Grund befindet, ganz egal, wo das Vergehen geschah, nach lokalem Gewohnheitsrecht verurteilt und bestraft werden. Genauso kann sie Zeugin von Menschenrechtsverletzungen durch die Ausübung des lokalen Gewohnheitsrechts werden. Dies bedeutet also für eine Indigene Soziale Arbeit, dass sie mit den indigenen RechtsprecherInnen in einen Sozialen Dialog treten muss. Moralischer Hintergrund des lokalen Gewohnheitsrechtes ist die Vorstellung einer wiederherzustellenden Harmonie, eines Wiedergutmachungsausgleichs zwischen Opfer und Täter bzw. Geschädigtem und Schädiger. Ausübungsorgane sind Dorfälteste sowie DorfvorsteherInnen,

---

[206] Onkel, übersetzt von der Autorin
[207] Reise der Autorin und Begehung der nach wie vor ausgebeuteten Minen des cerro ricos (reichen Berges, übersetzt von der Autorin) mit einem einheimischen Bergarbeiter in Potosí, Bolivien im Januar 2022

SchamanInnen, andere Weise und erfahrene Menschen. Das lokale Gewohnheitsrecht birgt Chancen im Hinblick auf sozialarbeiterische Interventionen, und stellt gleichzeitig ein Tätigkeitsfeld Indigener Sozialer Arbeit zur Veränderung gemeinschaftlicher Strukturen und gesellschaftlicher indigener Sichtweisen dar. Einige lokale Gemeinden, die erkannten, dass sie zur Bestrafung schwerwiegender Vergehen Menschenrechtsverletzungen begehen müssen, initiierten Abkommen mit staatlichen Justizinstanzen. Somit werden Gesetzesverletzungen, die das Wohl eines anderen Menschen bedroht oder den Mensch sogar vernichtet haben, nicht mehr im Rahmen der lokalen Rechtsprechung behandelt, sondern an den Staat übergeben, allerdings nicht im Falle machistischer häuslicher Gewalt ohne Todesfolge, wodurch häufig individuelle Freiheitsrechte von Frauen und Kindern sowie ihre Rechte auf körperliche und seelische Unverletztheit[208] dem sozialen Gemeinschaftsrecht untergestellt werden. Andere indigene Gemeinden jedoch verhängen beispielsweise bei Mord die Todesstrafe, was eine Verletzung der AEMR darstellt.[209] Aus obig genannter Spiritualität ergeben sich zwei ethische Dilemmata, welche in Unterkapitel 7.3 exemplarisch für weitere dargestellt werden.

7.3   Exemplarische ethische Dilemmata

Ein häufig auftretendes Dilemma besteht zwischen der Spiritualität indigener Menschen, sprich ihrer Verbundenheit zur Pachamama und dem ärztlichen hippokratischen Eid sowie wissenschaftlichen Erkenntnissen. Eine Erfahrung ist der Autorin besonders eindrücklich in Erinnerung geblieben. Um die Menschenrechte in den öffentlichen Krankenhäusern zu wahren und zu schützen, ist einerseits seitens der Krankenhäuser eine Stelle mit einem Psychologen oder einer Sozialarbeiterin, die im Grunde Case ManagerInnen gleich auch zwischen der Ärzteschaft und den PatientInnen vermitteln, eingerichtet. Andererseits sendet die Direktion des IDH einzelne MitarbeiterInnen aus, um mit PatientInnen in prekärem Gesundheitszustand in Kontakt zu kommen, mit den ÄrztInnen eine Kooperation aufzubauen bzw. aufrechtzuerhalten und zu überprüfen, ob im jeweiligen Krankenhaus die Menschenrechte eingehalten werden. Diese Konstellation und diese Aufträge führen die Fachkraft Sozialer Arbeit in verschiedene ethische Konflikte. Auf einer, von der Autorin besichtigten Infektiologie lag ein etwa 65-jähriger Patient, dessen Bein aus medizinischen Gründen als lebenserhaltende

---

[208] Vgl. 1. biologisches Bedürfnis nach physischer Integrität (Obrecht 2009, S. 27, siehe Anhang)
[209] Lateinamerika Nachrichten e.V. (Hrsg.) (2012)

Maßnahme amputiert hätte werden müssen. Im Vertrauen auf den ewigen Kreislauf des Lebens wurde dies vom Betroffenen Patienten strikt abgelehnt, da er nicht ohne sein Bein in den ‚Himmel' kommen könne, sondern er dürfe nur als Ganzes ankommen. Auch würde er erst sterben, entgegen jeglicher medizinischer Vernunft, wenn die Pachamama es für die gekommene Zeit halten würde. In diesem Urvertrauen, welches nicht nach Erklärungsmodellen sucht, wirkte der Patient fröhlich und gelöst. Der behandelnde Arzt resignierte ob dieser Vision und gab auf. Diese Situation und daraus resultierendes Ergebnis bringen einen Psychologen oder eine Sozialarbeiterin sowohl in einen persönlichen Haltungskonflikt als auch in Spannungsfelder mit der zuständigen Ärzteschaft, dem Patienten und seinem ethischen Kodex. Der zuständige Psychologe in dieser Situation ließ sich jedoch auf keinen dieser möglichen Konflikte ein und verstand die kosmovisionäre Perspektive des Klienten sowie die medizinische Direktive des Arztes.

Ein weiteres unbedingt zu erwähnendes Dilemma sind die Folgen des Kolonialismus bezogen auf die Beziehungen indigener Bevölkerungsgruppen untereinander. Jedweder externe Eingriff aus kapitalistischen und (neo-)kolonialistischen Interessen heraus verursachte nicht reversible Spaltung(-en), wodurch ein sich reproduzierender Progress in Gang gesetzt wurde. So wurden und werden die eigentlich ausgeglichenen, in Frieden lebenden indigenen Gesellschaftssysteme, das bedeutet ein Gefüge vieler indigener Gemeinschaften, ausgerottet, zerstört und sogar dazu gebracht, dass sie sich in ihrer Existenz gegenseitig vernichten und bekriegen. Als Beispiel lässt sich die Vertreibung durch in Brand gesetzte Behausungen, körperlichen Angriff, Wegnahme der Ausweispapiere, usw. von indigenen Nomadengruppen durch ansässige indigene Bevölkerungen nennen, welche unter anderem auch aufgrund des globalen Landraubes besteht. Ein anderes häufig auftretendes Phänomen, das dem Eurozentrismus (siehe Unterkapitel 9.1) entstammt, ist der Aufbau eines Ökotourismus an einem bestimmten Ort durch ausländische, aber auch inländische InvestorInnen. Hierbei werden dann aber nur zwei, anstatt der drei ansässigen Dörfer in entsprechende Vereinbarungen einbezogen und werden zu Nutznießern der daraus resultierenden infrastrukturellen Verbesserungen, wie beispielsweise ein sicherer Arbeitsplatz im Tourismus. Das Dagegen-Aufbegehren der nichtbeteiligten Dorfgemeinschaft äußert sich im Totschlag von TouristInnen oder den zu Unrecht Begünstigten.[210] Dies geschieht zum Beispiel auf einer Insel im Titicacasee Boliviens.[211]

---

[210] Vgl. Lateinamerika Nachrichten e.V. (Hrsg.) (2012), Vgl. Rothenberger, Stella (2021), Vgl. folgende Fußnote
[211] Reise der Autorin auf die Isla del Sol (Sonneninsel, übersetzt von der Autorin) Boliviens im Januar 2022, Gespräche mit der dort ansässigen Bevölkerung

8. Beantwortung meiner Forschungsfrage

8.1 Fazit meiner Analyse des IDH

Zurückkommend auf die Ausgangslage von IDH als nationaler NGO ist die Idee ihres Gründers sich um Menschen, die mit HIV leben, zu kümmern, ihnen angemessene Behandlung anzubieten und ihre Situation im Bewusstsein der (Welt-)Bevölkerung sichtbar zu machen, als eine Gute und Notwendige zu bewerten. Die Stärke von IDH liegt darin, dass sie über medizinisches und psychologisches Personal verfügt, Zugang zu internationalen Geldmitteln hat, in der Öffentlichkeitsarbeit und somit gleichzeitig der Bewusstseinsbildung sehr versiert ist sowie Visionen über eine gelingende Gemeinwesenarbeit hat und daraus praktisches Vorgehen ableitet. Zudem ist das Team des IDH offen für neue gesellschaftliche Veränderungen und die damit verbundenen Sozialen Probleme, die sie dann auch in ihr Handlungsrepertoire versucht aufzunehmen. Aufgrund der plurinationalen Bevölkerungszusammensetzung Boliviens, die sich aus 60 bis 70 Prozent sich als indigen identifizierender Menschen ergibt, sollte aus Sicht der Autorin IDH genau diese Hilfestellung zum ausbaufähigen und ausbaubedürftigen Kernpunkt ihrer Arbeit machen und sich durch den Aufbau eines eigenen departamento[212] Indigener Sozialer Arbeit auf diese Unterstützungsleistung beziehen. Sofern IDH indigenes Wissen in ihrer Arbeit verwendet und nutzt, dann geschieht dies aus Sicht der Verfasserin unbewusst und unreflektiert aufgrund vielfältiger Sozialisationsprozesse in einer plurinationalen Gesellschaft, in der sicher auch der größere Anteil der Indigenen den kleineren Anteil beeinflusst. Über eine höhere Anerkennung und Partizipation ihrer ehrenamtlichen HelferInnen könnte IDH dieses Wissen erweitern und sichtbar machen. In eine Abteilung Indigener Sozialer Arbeit muss indigenes Wissen unbedingt miteinfließen, das aber erst als verstanden angesehen werden darf, wenn es sich die zuständige Fachkraft im GSD mit indigenen Menschen erschlossen hat. Das nationale IDH muss sich zur Erreichung der indigenen Bevölkerung und zur Umsetzung ihrer Ziele zwingend breiter vernetzen, womit die regionale und nationale Netzwerkarbeit gemeint ist, und über Kooperationen beispielsweise mit gesundheitlichen Einrichtungen ihren Wirkungskreis erweitern.

Obwohl nach Beendigung dieser Arbeit ersichtlich wurde, dass sich überwiegend regionale NGOs zur Verbesserung der Lebensverhältnisse und Erreichung indigener Gemeinschaften eignen, ihre Interventionen nachhaltiger sind, der Soziale Dialog eher stattfindet, und ein partizipatives und empowerndes CBD häufiger praktiziert wird, wird

---

[212] Abteilung, übersetzt von der Autorin

der Autorin auch die Wichtigkeit nationaler NGOs bewusst. So können nationale NGOs auf der einen Seite als Dach lokaler NGOs, als Repräsentant der Summe regionaler NGOs eines Nationalstaates nach außen in Richtung Internationalität fungieren. Ihre Aufgabe ist es relevante gesellschaftliche Themen bei INGOs zur Sprache zu bringen und dadurch um finanzielle Unterstützung für regionale NGOs anzufragen und diese Mittel gerecht zu verteilen. Somit wirkt sie dem externen, meist unüberlegtem Eingreifen INGOs mit schadhaftem Ausgang entgegen, verhindert daraufhin die Spaltung lokaler NGOs untereinander, trägt zu globaler (Verteilungs-)Gerechtigkeit bei und nutzt ihren internationalen Einfluss vollends. Aus der der Autorin eigenen Perspektive ergibt sich, dass im Rahmen der Beantwortung der wissenschaftlichen Unterfragen bezogen auf IDH die Reduzierung ihrer Aufgabenstellung auf den Bereich der Arbeit mit Menschen, die mit HIV leben sowie der Aufbau einer Abteilung Indigener Sozialer Arbeit wichtiger scheint als die derzeit praktizierten diffusen Aufgaben im Bereich der Gewaltprävention und Jugendarbeit. Dieser Bereich des IDH ist überhaupt nicht theoretisch fundiert, nicht mit Methoden untermauert und außerdem wird darin nicht systemisch gedacht.

8.2 Verbesserung der Lebensverhältnisse und Erreichung indigener Bevölkerungen

Die Beantwortung ergibt sich hier aus der Zusammenführung der oben dargestellten Problematik, der noch offenen Fragen sowie den bisherigen Überlegungen hinsichtlich einer nachhaltigen Indigenen Sozialen Arbeit. Als Beantwortung der wissenschaftlichen Fragestellung dient gleichzeitig der ausgeführte theoretische Überbau im vierten Kapitel sowie persönliche Erfahrungen aus dem vorgestellten Praxisbereich in einer NGO in Kapitel 5, die Internationale Indigene Soziale Arbeit des Kapitels 6 und der dargestellten ethischen Dilemmata im siebten Kapitel. Eine Indigene Soziale Arbeit bedarf auf der Mikro-, Meso- und Makroebene einer sehr genauen, wertfreien und gleichberechtigten Auftragsklärung, die sich auf das Wissen, die Wertevorstellungen und Ziele des Gegenübers einlässt, sie mit den eigenen ethischen Grundsätzen in Verbindung bringt und persönliche Haltungen aufzeigt. Erst auf Basis des überfälligen GSD können sich theoretische Ausrichtungen für die Praxis Indigener Sozialer Arbeit ergeben. Um die Überwindung der gedanklichen Grenzen zu erleichtern, versucht die Autorin im folgenden Kapitel die Konzeptualisierung eines universalen Denkmodells.

Innerhalb einer (I)NGO sollten die MitarbeiterInnen im Sinne von Multiprofessionalität ausgesucht werden. Der überwiegende MitarbeiterInnenanteil sollte jedoch aus Professionellen der Sozialen Arbeit bestehen. Eine (I)NGO und ihr Team sollten zum

Erreichen indigener Bevölkerungsgruppen und dem GSD in der Lage sein sprachliche Barrieren zu überwinden. Die MitarbeiterInnen dieser (I)NGO, zwingend auch SozialarbeiterInnen, müssen über eine gefestigte Vorstellung ihrer eigenen Profession, den damit verbundenen Verantwortlichkeiten und Mandaten verfügen, da Indigene Soziale Arbeit immer politisch ist und sein muss und mit zahlreichen ethischen Dilemmata verbunden ist. Bezüglich ihrer Mandate und der gegenseitigen Interaktion ist es zwingend notwendig sich selbst und auch gegenüber den Betroffenen und anderen Beteiligten transparent und überprüfbar zu präsentieren und die eigene Rolle immer wieder zu hinterfragen. Auf globaler Ebene ergibt sich für INGOs die Verantwortung sich dafür einzusetzen, dass die AEMR sowie die bisher unverbindliche UNDRIP von allen Staaten dieser Welt verbindlich und rechtlich einklagbar, anerkannt und umgesetzt wird. Es gilt entsprechende juristische Überwachungsorgane zu schaffen und die Zugangsbarrieren, um Rechte überhaupt einzuklagen, generell zu senken.

In Bezug auf die vielschichtigen Herausforderungen einer Sozialen Arbeit mit und innerhalb indigener Bevölkerungen ergibt sich logischerweise, dass innerhalb eines multiprofessionellen Teams SozialarbeiterInnen diejenigen sind, die politische Mandate übernehmen, indem sie sich einsetzen für globale (Verteilungs-)Gerechtigkeit, bestehende Machtstrukturen analysieren, woraufhin sie Behinderungsmacht versuchen abzubauen und Begrenzungsmacht fordern sowie systemisch im Tripelmandat denken und handeln. Die Relevanz der Regionalität einer NGO für die Nachhaltigkeit und Effektivität ihrer Interventionen ergibt sich aus der Lebensweltorientierung Hans Thierschs (2012) und der Befreiungsidee Paulo Freires (1973). Außerdem kann eine lokale NGO, da sie meist selbst Teil indigener Gesellschaften ist, viel eher auf die Dichte und die Eigenheiten indigener Kommunen eingehen, ist schon im Wissen von indigenem Wissen und kann auf Basis der Communities[213] Hilfe zur Selbsthilfe mit den passenden Ansätzen und Methoden praktizieren. In Bezug auf die Frage, wie indigene Bevölkerungsgruppen überhaupt erreicht werden können, ist zu nennen, dass die Vorurteile und berechtigten Sorgen indigener Menschen im GSD mit einer lokalen NGO ihres Kulturkreises viel geringer ausfallen werden bzw. würden. Der sozialarbeiterische Versuch zur Verbesserung indigener Lebensverhältnisse beizutragen bezieht sich somit immer auf die oben dargestellten Inhalte der vorgefundenen Ressourcen, des GSD, des politischen Widerstands, des Empowerments im Sinne von ‚zu helfen, um letztendlich nicht mehr gebraucht zu werden‘, der Stärkung von Identität und Eigenverantwortlichkeit, der Anregung gemeinschaftlicher Zukunftsprozesse und somit der gemeinsamen nachhaltigen Lösungen auf allen Ebenen auf Augenhöhe zu einem Sozialen Problem.

---

[213] Lokale bzw. indigene Gemeinschaften, frei übersetzt von der Autorin

9. Eurozentrismus – ein notwendiger Exkurs

Der weltweit bestehende Eurozentrismus entstammt und bedingt Kolonialismus, Neokolonialismus, Imperialismus und Kapitalismus. Dahinter steht die anthropologische bzw. anthropozentristische Sichtweise auf immer weiter möglichen Gewinn an Macht, Kapital, Wissen und sozialem Kapital, verstanden nach Pierre Bourdieu (1983). Dabei stellt sich der Mensch über die Natur und bedient sich des Rechts des Stärkeren. Außerdem dient der Begriff zur Erklärung der eurozentrischen Sichtweise auf die ganze restliche Welt. Hiermit wird von einem Grenzdenken gesprochen und Grenzüberwindung in diesem Sinne bedeutet nicht mehr als eigene Werte, Klassifizierungen und die eigene Vorstellung einer modernen Welt den Gesellschaften des Globalen Südens überzustülpen. Die Definitionshoheit, wonach der Mensch streben und wie er sich entwickeln sollte obliegt demnach dem Globalen Norden. Im Eurozentrismus werden ‚westliche' Staatsformen, Hilfesysteme, das Bankwesen, usw. idealisiert, hochgelobt und als einzig wahre Möglichkeit propagiert. Interessant ist, dass in keinen von der Autorin verwendeten Büchern über Indigene Soziale Arbeit ein eigenes Kapitel allein über Eurozentrismus und dessen Auswirkungen reserviert ist. Anhand davon lässt sich die dem Eurozentrismus innewohnende Arroganz der eigenen Wissenschaftlichkeit bzw. Wissenssysteme erkennen, in dem sich ‚westliche' Erkenntnisse und ihre wissenschaftlichen Wege dorthin über das Wissen indigener Völker stellen. TheoretikerInnen der ‚westlichen' Welt behaupten damit, dass sie (bereits) bessere Erklärungsmodelle und Lösungsstrategien für Soziale Probleme des Globalen Südens hätten, als er selbst es überhaupt hervorbringen könnte.

Auswirkung dieser Sichtweise ist die Ignoranz des legitimen Wunsches indigener Bevölkerung nach einer Verbesserung ihrer Lebensumstände, die durchaus ökonomische Aspekte beinhaltet. Allerdings wird im ‚eurozentristischen Westen' eine Ansicht indigener Gemeinschaftsformen vertreten, bei der sich die Autorin frägt, warum ausgerechnet Indigene nicht nach der Moderne, sondern in ihren von außen als ‚ach so großartigen' ‚ökoromantisch idealisierten' Kosmovisionen zu leben hätten. Am Beispiel eines in Bolivien seit mehreren Jahren geplanten Stromkraftwerkes mit internationalen verantwortlichen Konzernen, das zur Überflutung und Vernichtung des bisher autarken indigenen Lebensraumes mehrerer Dorfgemeinschaften führen wird, ergab bereits in der Planungsphase eine Spaltung unter den indigenen Gemeinden, da die einen vom Bau des Kraftwerks bereits einen wirtschaftlichen Mehrwert erhielten, während andere Dorfgemeinschaften nicht einmal in die Verhandlungen miteinbezogen wurden. Ein weiterer Grund für die Konflikte unter den indigenen Gemeinschaften liegt in der fehlenden Aufklärung über die wahren Folgen des Staudamms seitens verantwortlicher LeiterInnen der beteiligten Konzerne. So wird dieses Kraftwerk zum Stromexport nach Brasilien verwendet, während indigene Dörfer mit einer sicheren Stromzufuhr gelockt wurden. Nur wenige Dorfälteste wissen um die geplante Flutung und versuchen nun verzweifelt die BewohnerInnen anderer indigener Dörfer zum Widerstand zu bewegen, der durch den externen Eingriff eurozentristisch agierender Globalplayers im Keim erstickt wurde, da die Manipulation der AnwohnerInnen gelang.[214]

Die Verfasserin führt, zum Abschluss dieses Ausschnittes ein aussagekräftiges Beispiel mit Aktualität an. So verweigerte die Klimaschutzbewegung Fridays for Future (FFF) einer Musikerin, welche Dreadlocks trägt, den zuvor zugesagten Auftritt auf einer FFF-Demonstration in Hannover. Die Begründung war, dass People of Color, AfrikanerInnen und indigene Menschen auch einen Platz in der europäischen Klimabewegung bekommen sollten und sich von der Frisur der Musikerin als (illegitime) „kulturelle Aneignung"[215] diskriminiert fühlten könnten.[216] Hierbei fällt der Autorin auf, dass eine kulturelle Verständigung, eine kulturelle Öffnung, die aufgrund des Fließcharakters von Kultur generell gegeben ist, ergo ein (Globaler) Sozialer Dialog völlig ausgeschlossen wird, was zu unreflektierten, vorurteilsbehafteten Meinungen, Haltungen, Aussagen und Entscheidungen führt, die noch nicht einmal den Anspruch hegen der Realität gerecht zu werden. Hierzu lässt sich nur anmerken, dass eine Perspektive indigener Menschen, von People of Color und AfrikanerInnen von EuropäerInnen eingenommen wird, die, aufgrund fehlender Berührungspunkte und zu geringen Informationen nicht ausgefüllt werden kann. So entstehen Spaltungen, die hätten verhindert werden können und Annahmen über ‚Andere', die letztlich nicht mehr als einem Wunschdenken, also einer Farce entsprechen. Die wahrliche Diskriminierung geht in diesem Falle von FFF und nicht von Seiten der Musikerin aus.[217]

---

[214] Reise der Autorin in das Amazonasbecken Boliviens im Januar 2022, Gespräche mit Ansässigen; Vgl. Maron, Nicole (2018)
[215] SPIEGEL Politik (Hrsg.) (2022)
[216] SPIEGEL Politik (Hrsg.) (2022)
[217] Vgl. SPIEGEL Politik (Hrsg.) (2022)

10. Fazit

Um ihr Fazit zu strukturieren und zu objektivieren, greift die Autorin für dieses letzte Kapitel die oben nicht zu Ende geführten W-Fragen nach Kaspar Geiser (2015) wieder auf und bedient sich der sechsten W-Frage und der dritten Phase der Zielsetzung und Planung. Die Soziale Diagnose bzw. den Befund erkennt die Verfasserin in der nach wie vor diskriminierenden und menschenverachtenden Haltung von Mehrheitsgesellschaften, vor allem des ‚Westens‘, ganzer Staaten und einflussreicher Globalplayers gegenüber indigenen Völkern. Indigene Bevölkerungsgruppen werden nach wie vor marginalisiert und gehen in den globalen Machtstrukturen und (internationalen) öffentlichen Medien ‚unter‘. Gleichzeitig werden ihre Anstrengungen und Verbesserungsleistungen für ihre Lebensrealitäten durch vehementen Protest und lebensgefährdenden Widerstand in sich zusammenschließenden Bewegungen nicht gewürdigt und ernst genommen. Zum größten Teil, so die Meinung der Autorin, bestehen die Sozialen Probleme indigener Gemeinschaften aufgrund der externen Einflüsse, Bedingungen und Gegebenheiten. Auf der anderen Seite lassen sich ethische Dilemmata, die in der Indigenen Sozialen Arbeit aufgrund unterschiedlicher Sozialisationen, kultureller Erfahrungen, Werte- und Normenvorstellungen, Lebenswelten und -realitäten sowie strukturellen Vorkommnissen, usw. auftreten, erkennen.

So sollte die Soziale Arbeit, im Sinne eines ‚Woraufhin in der Zukunft und Wie‘, für die Verbesserung der Lebensverhältnisse indigener Menschen ihr politisches Mandat auf der Mikro-, Meso- und Makroebene übernehmen. In der Indigenen Sozialen Arbeit wird sie ihren Auftrag alleinstehend nicht zufrieden stellend lösen können. Sozialarbeiterische Fachkräfte benötigen ein multiprofessionelles Team, dass sich gegenseitig ergänzt und verzahnt, welches sie sich im Sinne ihres Tripelmandats selbst anregen und aufbauen müssen. Hierfür müssen SozialarbeiterInnen versiert Netzwerkarbeit betreiben. Dies muss sich widerspiegeln in der (Sozialen) Arbeit lokaler, nationaler und internationaler NGOs. Hierbei gilt es, eben auch im Sinne der Nachhaltigkeit, vorhandene Ressourcen zu erkennen und zu implementieren, für das Empowerment indigener Menschen gemeinsam mit ihnen zu sorgen und ihre Partizipation zu gewährleisten. Diese drei Handlungsansätze hängen aus Sicht der Verfasserin unweigerlich zusammen und bedingen sich. Sie bieten Lösungen, um die angestrebten Ziele zu erreichen. Im Sinne

Paulo Freires (1973) gilt es die ‚Kultur des Schweigens'[218] und die ‚Kulturelle Invasion'[219] mithilfe von „cultural action for freedom" [220] zu überwinden. Nach Einschätzung der Autorin stellt dies den Zentralpunkt einer Indigenen Sozialen Arbeit dar und beschreibt die Essenz des GSD.

Die Beantwortung des ‚Womit' dies erreicht werden kann, wird zunächst auf Bolivien bezogen. Dort findet Indigene Soziale Arbeit, wenn überhaupt, nach Schlussfolgerung der Verfasserin bisher ausschließlich in NGOs statt, da es institutionalisierte Formen dieser Arbeit bis heute nicht gibt. Deswegen müsste sich in einer politischen Auseinandersetzung, also auf der Makroebene, für den Aufbau und folgenden Ausbau einer nationalen sozialen Verwaltung mit eigenen Abteilungen für Indigene Soziale Arbeit eingesetzt werden. Auf der anderen Seite bräuchte es die Implementierung Indigener Sozialer Arbeit in NGOs, welche sich zuvor überhaupt nicht mit dem Thema, der Indigenität der bolivianischen Gesellschaft auseinandersetzten. Um dies erreichen zu können benötigt es ein klares berufliches Profil einer Sozialen Arbeit, welches bisher nicht besteht, weder im Selbstverständnis noch in der gesellschaftlichen Wahrnehmung, sowie die Erfüllung des Anspruchs, dass jede bolivianische sozialarbeiterische Fachkraft Indigene Soziale Arbeit ausführen kann. Die Voraussetzung zur Erreichung des oben genannten ist, dass Indigene Soziale Arbeit ein Teil der universitären Lehre im Studiengang Soziale Arbeit in Bolivien wird, da die Effektivität und Nachhaltigkeit Indigener Sozialer Arbeit durch die Arbeit, vor allem lokaler NGOs entsteht. Ausweitend auf die ISA sollten jedoch alle SozialarbeiterInnen weltweit in ihrer Ausbildung eine Indigene Soziale Arbeit erlernen. Bezugnehmend auf den theoretischen Überbau[221] und den daraus resultierenden Ergebnissen lassen sich dabei durchaus europäische sozialwissenschaftliche Konzepte in eine Indigene Soziale Arbeit mitaufnehmen. In der Retrospektive der letzten Monate und im Zuge von persönlichen Recherchen wurde der Autorin bewusst, dass sich immer mehr dienliches Material und Literatur finden lässt, die das Fazit der Verfasserin ergänzen und stützen, wie beispielsweise die ‚Anerkennende Beziehungsgestaltung' wie sie von Anna Riegler (2016) zusammengeführt wurde in Bezug auf einen gelingenden GSD.[222]

Diese Bachelorarbeit reduziert sich nicht auf die Bearbeitung eines Sozialen Problems mithilfe einer als passend erscheinenden Methode oder Theorie auf, sondern auf der

---

[218] Die ‚Kultur des Schweigens' bedeutet, dass marginalisierte Bevölkerungsgruppen keine Bilder und Sprache finden, um sich, ihr Befinden sowie ihre Bedürfnisse auszudrücken. Laut Freire ist diese kulturelle Apathie eine Folge der Unterdrückung. (Flöck 2010, S. 16)
[219] Eine ‚Kulturelle Invasion' bedeutet, dass die Kultur der Mächtigen (Kolonialherren, Anm. d. Verf.) die Kultur der Ohnmächtigen zerstört und über diese herrscht. (Flöck 2010, S. 17-19)
[220] „Kulturelle Aktion in befreiender Absicht" (Freire 1973, S. 19)
[221] siehe Kapitel 4
[222] Vgl. Riegler, Anna (2016), S. 143-150

Analyse verschiedener Aspekte, wie einer Organisations-, Theorie- und Literaturanalyse. Vor diesem Hintergrund erfolgte die Analyse praktischer Erfahrungen. Der Wert dieser Arbeit liegt in der Zusammenführung jener Analysen zu einem praktischen Denkmodell, woraus sich eine gelingende Profession bzw. Disziplin Indigener Sozialer Arbeit ergibt. Im Entstehungsprozess stellte sich der Verfasserin fortlaufend die Frage inwieweit und ob überhaupt eine umfassende Darstellung der lokalen, nationalen und internationalen Indigenen Sozialen Arbeit anhand weniger Beispiele möglich ist, ohne den Rahmen dieser Arbeit zu sprengen. Die ausgewählten Aspekte bewertet sie dennoch als geeignet, um die Vielschichtigkeit, Tiefe und Komplexität Indigener Sozialer Arbeit und ihrer Herausforderungen darzustellen. Die oben genannte Zusammenführung wirft die Fragen auf: „Wie soll all' dies zu schaffen sein? Welche Aufgaben und praxisnahen Konzepte, welche Vergewisserung ergibt sich für die sozialarbeiterische Fachkraft?".

Die in dieser Arbeit hergeleiteten Schlussfolgerungen werden im nachfolgenden von der Autorin erarbeiteten Modell einer Indigenen Sozialen Arbeit dargestellt, die das auf alle Ebenen der ISA bezieht und somit der Standortbestimmung aller Arbeitsbereiche dient.

10.1 Konzeptualisierung eines Denkmodells für Indigene Soziale Arbeit

„Um systemische Alternativen zu schmieden, müssen sich all diese Ideen und viele weitere gegenseitig ergänzen. Sich zu komplementieren bedeutet, sich zu vervollständigen, sich zu verbinden, um ein Ganzes zu bilden, das der Vielschichtigkeit des Problems, vor dem wir stehen angemessen ist. Es bedeutet, voneinander zu lernen, die eigenen Vorstellungen aus der Perspektive der anderen zu betrachten, die Stärken der anderen zu entdecken, die gemeinsamen Schwächen und Leerstellen zu erkunden und vor allem darüber nachzudenken, wie durch gegenseitiges Ergänzen eine weitergehende Alternative entstehen kann. Ziel dieser Komplementarität der Vorstellungen ist nicht die Entwicklung einer einzigen Alternative, sondern eines Geflechts vielfacher systemischer Alternativen. Die Vielfalt der Realitäten, die auf unserem Planeten interagieren, erfordert vielfältige systemische Alternativen. [...]. Hauptziel [...] ist es, einen konstruktiven und kreativen Dialog zwischen diesen verschiedenen Visionen in Gang zu bringen."[223]

---

[223] Solón, Pablo; u. a. (2018), S. 22

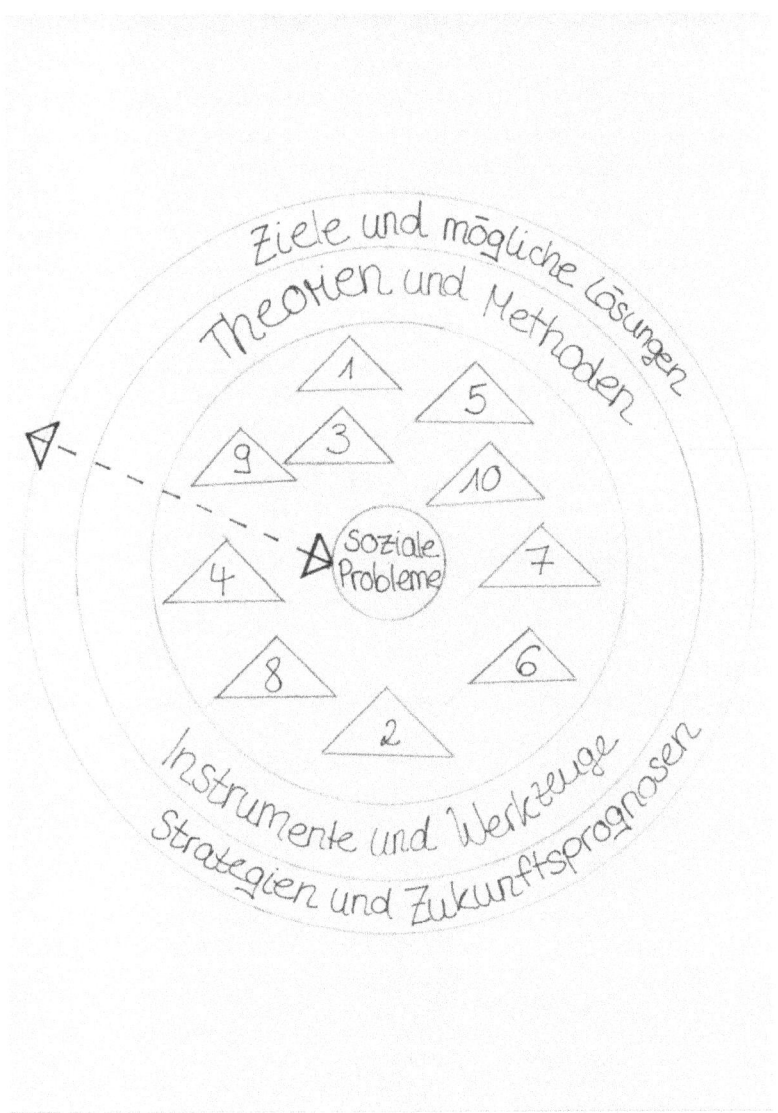

Obig dargestelltes dreidimensional gedachtes Modell ist emergent, das heißt im Inneren des Systems können sich die Eigenschaften verändern und beeinflussen auch die anderen Ebenen des Systems. Dennoch ist das System nach außen hin geschlossen, jedoch sind die inneren Grenzen durchlässig. Das Denkmodell ist systemisch, responsiv und reziprok gedacht. Im Inneren des Modells gruppieren sich um das Soziale Problem als Kern verschiedene Parameter, die beliebig erweiterbar und definierbar sind. Zudem können sie zueinander in Beziehung gesetzt werden, Bausteinen gleich. Gleichermaßen verhält es sich auf den anderen kreisförmigen Ebenen. Dieses Modell kann induktiv oder deduktiv durchdacht und erstellt werden. Nachfolgende Tabelle verdeutlicht exemplarisch hinter den Parametern stehende Fragen.

Parameter	Bildung	Kosmovision	Religion und Spiritualität	Indigenität	...
	1	2	3	4	...
A	Wie sind die Zugänge zum staatlichen Bildungssystem?	Welche individuelle Lebensphilosophie wird vertreten?	In welchem Glauben wurde missioniert?	Welchen Einfluss hat die individuelle Indigenität auf die Identität?	...
B	Welche Sprachbarrieren bestehen im Bildungssystem?	Wie wird die eigene Lebensphilosophie im Alltag ausgelebt?	Welche Dilemmata entstehen aufgrund der historischen kolonialen Missionierung?	Wie wird die eigene Indigenität zum Ausdruck gebracht?	...
C	Wie wird Bildung aus Sicht der indigenen Gemeinschaft verstanden?	Welche Lebensphilosophie besteht in der indigenen Gemeinschaft?	Wie hat sich die missionierte Religion mit der indigenen Spiritualität vermischt?	Sind Gefühle der Scham, der Wut, des Stolzes, usw. mit der persönlichen Indigenität verbunden?	...
D	Welche Bedeutung hat Bildung in der indigenen Gemeinschaft?	Welche Werte, Normen und Regeln ergeben sich aus der vertretenen Lebensphilosophie?	Zu welchen ethischen Dilemmata führt die indigene Spiritualität?	Welche Zwänge übt Indigenität in indigenen Gemeinschaft-en aus?	...
E	Über welche Kanäle wird (indigenes) Wissen in der indigenen Bevölkerungsgruppe weitergegeben?	Wie wird die Lebensphilosophie von außen beeinflusst und was bedeutet das für die Auslebung?	Was ist mein eigener Glaube und wie stehe ich zu Religion und Spiritualität als SozialarbeiterIn?	Inwieweit beeinflusst die eigene Indigenität das Verhalten und Auftreten in und gegenüber der Mehrheitsgesellschaft?	...
F	...	...	...	...	...

Parameter	Politische Stakeholder-Innen	GSD	Sprache	Lokale Verhältnisse	...
	5	6	7	8	9
A	Um welche (lokale, nationale, internationale) NGO handelt es sich?	Welche Methoden sollte die sozialarbeiterische Fachkraft im Erstkontakt mit der indigenen Gemeinschaft verwenden?	Welche Sprache wird gesprochen?	Herrscht das Gewohnheitsrecht und welche Auswirkungen hat dies auf die Gemeinschaft und das Individuum?	...
B	Welche Mandate erfüllt die NGO?	Wie kann diese indigene Bevölkerungsgruppe erreicht werden?	Welche Sprachbarrieren bestehen auf welchen Seiten?	Bestehen ökologische, ökonomische und natürliche Risiken für den Fortbestand der indigenen Gemeinschaft?	...
C	Wie ist die NGO vernetzt?	Wie kann das bestehende Soziale Problem in der (nationalen/ internationalen) Öffentlichkeit aufgezeigt werden?	Welche Nationalsprachen gibt es im Land?	Bestehen Fehden oder Spaltungen innerhalb der indigenen Gemeinschaft bzw. unterhalb indigener Gemeinschaften?	...
D	Welche Kooperationen kann die NGO eingehen?	Wie können finanzielle Mittel organisiert werden bzw. wo kann angefragt werden?	Wie sind indigene Sprachen im Bildungssystem vorhanden?	Welches Wissen und welche Ressourcen bestehen innerhalb der indigenen Gemeinschaft?	...
E	Welche politischen Stakeholder-Innen sollten zur Lösung des Sozialen Problems miteinbezogen werden?	Wie kann eine Kommunikation und ein Verständnis auf Augenhöhe gelingen?	Inwieweit ist die gesprochene Sprache ein Baustein der Identität?	Welche sozialarbeiterischen Dilemmata entstehen im Hinblick auf die AEMR?	...
F	...	...	...	...	...

10.2 Schlusswort

Der Autorin ist bewusst, dass sie sicherlich selbst vom unbewussten eigenen Eurozentrismus betroffen ist und es diesen immer wieder zu reflektieren gilt. Sie hofft mit dem eigenentwickelten Denkmodell zur Überwindung des subtilen Eurozentrismus beizutragen.

Diese Bachelorarbeit erhebt nicht den Anspruch auf Vollständigkeit, nicht alle Aspekte konnten erfasst und dargestellt werden. Auf einzelne Problembereiche, wie beispielsweise die komplexe Verbindung zwischen globalem Landraub und nomadischen indigenen Bevölkerungsgruppen, konnte nur am Rande eingegangen werden. Die Motivation dieser Arbeit sieht die Autorin in der Weiterentwicklung Indigener Sozialer Arbeit und dem Ziel sie gemeinsam mit indigenen Menschen und (indigenen) Professionellen im GSD zu verwissenschaftlichen. Der Reiz hierbei liegt in den zukünftigen vielfältigen noch offenen Fragen und Herausforderungen einer globalen Sozialen Arbeit.

Literaturverzeichnis

Abé, Nicola (2021, Nov. 8): Welternährung und Klimakrise. „Wir können sehr viel von indigenen Menschen lernen". Sao Paulo: SPIEGEL (Hrsg.). Online im Internet: URL: https://www.spiegel.de/ausland/welternaehrung-und-klima-krise-wie-indigene-voelker-der-menschheit-helfen-koennen-a-b264d960-2d98-44ff-98c3-9ae2e21fcfc6 (Zugriff am 09.11.2021).

Albiston, Isabel; Grosberg, Michael; Johanson, Mark (2019): Bolivia. 10th edition – June 2019. China: Lonely Planet (Hrsg.).

AMNESTY INTERNATIONAL (Hrsg.) (o. D.): China: 1 Million Menschen verschwunden. Online im Internet: URL: https://www.amnesty.at/mitmachen/actions/china-1-million-menschen-verschwunden/ (Zugriff am 20.01.2022).

Andert, Mareike (2022, Jan. 10): Umweltrassismus in Deutschland. Sinti-Siedlung neben Müllhalde. In: taz (Hrsg.). Berlin. Online im Internet: URL: https://taz.de/Umweltrassismus-in-Deutschland/!5823791/ (Zugriff am 21.01.2022).

Bendix, Daniel; Kiesel, Timo (2010): White Charity. Eine postkoloniale, rassismuskritische Analyse der entwicklungspolitischen Plakatwerbung in Deutschland. In: PERIPHERIE. Nr. 120. 30. Jg. 2010. Münster: Westfälisches Dampfboot.

Bertelli, Michele; Lill, Felix; Sauras, Javier (2015, Okt. 03): Bolivien: Der lange Kampf um das kostbare Nass. In: Die Presse (Hrsg.). Print-Ausgabe. 04.10.2015. Online im Internet: URL: https://www.diepresse.com/4835173/bolivien-der-lange-kampf-um-das-kostbare-nass (Zugriff am 24.01.2022).

Bolivien.de (Hrsg.) (o. D.): Ethnien und Religion. Online im Internet: URL: https://bolivien.de/land-leute/ethnien-und-religion/ (Zugriff am 19.01.2022).

Botschaft des Plurinationalen Staates von Bolivien in Berlin (Hrsg. i.A.) (2013, Feb.): POLITISCHE VERFASSUNG. Plurinationaler Staat von Bolivien. Großburgwedel: Aalexx Buchproduktion GmbH.

Bundeszentrale für politische Bildung (Hrsg.) (2019, Aug. 5): UN-Tag der indigenen Bevölkerungen. Bonn. Online im Internet: URL: https://www.bpb.de/politik/hintergrund-aktuell/142194/indigene-bevoelkerungen (Zugriff am 13.01.2022).

Buwembo, Joachim (2022, Jan. 22): Fernblick. Keine Hochzeiten, keine Großeltern: Wie Corona Afrikas Traditionen zerstört. In: taz (Hrsg.).am Wochenende. argumente.

Ausgabe 12751. S. 14. Online im Internet: URL: https://taz.de/!5827277/ (Zugriff am 22.01.2022).

Drew, Chris (2020): What is Finland's phenomenon-based Learning approach? In: Australian Council for Educational Research (Hrsg.) (2021). Online im Internet: URL: https://www.teachermagazine.com/au_en/articles/what-is-finlands-phenomenon-based-learning-approach (Zugriff am 28.01.2021).

Ebert, Matthias (2021, März 09): Indigene Bolivianerinnen. "Imillas" skaten Vorurteilen davon. In: Tagesschau (Hrsg.). Rio de Janeiro, Cochabamba: ARD-Studio. Online im Internet: URL: https://www.tagesschau.de/ausland/amerika/skaterinnen-bolivien-101.html (Zugriff am 24.01.2022).

Escobar, Arturo (1992): Die Hegemonie der Entwicklung. In: Fischer, Karin; Hödl, Gerald; Sievers, Wiebke (Hrsg.) (2008): Klassiker der Entwicklungstheorie. Von Modernisierung bis Post-Development. Wien: Mandelbaum Verlag/Mattersburger Kreis für Entwicklungspolitik an den österreichischen Universitäten.

Flöck, Jens (2010): Die Befreiungspädagogik Paulo Freires und ihre Übertragbarkeit auf die soziale Arbeit in Deutschland und Europa. Diplomarbeit. Norderstedt: GRIN Verlag GmbH.

Freire, Paulo (1973): Pädagogik der Unterdrückten. Bildung als Praxis der Freiheit. 95.-97. Tausend Sept. 1993. Reinbek bei Hamburg: Rowohlt Taschenbuch Verlag GmbH.

Galuske, Michael (2009): Methoden der Sozialen Arbeit. Eine Einführung. 8. Aufl. Weinheim, München: Juventa Verlag.

Geiser, Kaspar (2015): Problem- und Ressourcenanalyse in der Sozialen Arbeit: eine Einführung in die systemische Denkfigur und ihre Anwendung. 6. korr. Aufl. Freiburg im Breisgau: Lambertus.

Graßhoff, Gunther; Homfeldt, Hans Günther; Schröer, Wolfgang (2016): Internationale Soziale Arbeit. Grenzüberschreitende Verflechtungen, globale Herausforderungen und transnationale Perspektiven. Weinheim, Basel: Beltz Juventa.

Grunwald, Klaus; Köngeter, Stefan; Thiersch, Hans (2012): Lebensweltorientierte Soziale Arbeit. In: Thole, Werner (Hrsg.) (2012): Grundriss Soziale Arbeit. Wiesbaden: VS Verlag für Sozialwissenschaften. S. 175-196.

Huang, Yunong; Zhang, Xiong (2008): A reflection on the indigenization discourse in social work. In: International Social Work (Hrsg.). 51. August 2008. S. 611-622. Online im Internet: URL: A reflection on the indigenization discourse in social work - Huang Yunong, Zhang Xiong, 2008 (sagepub.com) (Zugriff am 15.12.2021).

Humanium (Hrsg.) (o. D.): Die Kinder Boliviens. Die Verwirklichung von Kinderrechten in Bolivien. Online im Internet: URL: https://www.humanium.org/de/bolivien/ (Zugriff am 18.01.2022).

IASSW (Hrsg.) (2018, Apr. 27): Global Social Work Statement of Ethical Principles. Online im Internet: URL: https://www.ifsw.org/global-social-work-statement-of-ethical-principles/ (Zugriff am 28.03.2022).

IFSW; IASSW (Hrsg.) (2004, Okt.): Ethics in Social Work, Statement of Principles. Ethik in der Sozialen Arbeit – Darstellung der Prinzipien. Bern, Adelaide: Generalversammlung IFSW/IASSW.

Instituto Nacional de Estadística (Hrsg.) (o. D.): Población y Hechos Vitales. Proyecciones de Población, Revisión 2020. Online im Internet: URL: https://www.ine.gob.bo/index.php/censos-y-proyecciones-de-poblacion-sociales/ (Zugriff am 19.01.2022).

INTERSOL (Hrsg.) (o. D.): IDH – Instituto de Desarollo Humano. Online im Internet: URL: https://www.intersol.at/kooperationen/laender/bolivien/idh/ (Zugriff am 18.01.2022).

Kleibl, Tanja; Lutz, Ronald (2020): Internationale Soziale Arbeit neu denken. Zur Verschärfung Globaler Ungleichheit durch COVID-19. In: Sozial Extra (Hrsg.). 4. 22. Juni 2020. Online im Internet: DOI: https://doi.org/10.1007/s12054-020-00289-0

Klus, Sebastian; Schilling, Johannes (2018): Soziale Arbeit. Geschichte – Theorie – Profession. 7., akt. Aufl. München: Ernst Reinhardt Verlag.

Knoema (Hrsg.) (o. D.): Weltdatenatlas. Bolivien. Armut. Online im Internet: URL: https://knoema.de/atlas/Bolivien/topics/Armut (zugriff am 12.03.2022).

Kowol, Michalina (2021, Nov. 12): Totenkopf-Verehrung in Bolivien. Der Tag der Plattnasen. In: taz (Hrsg.). La Paz. Online im Internet: URL: https://taz.de/Totenkopf-Verehrung-in-Bolivien/!5812772/ (Zugriff am 21.01.2022).

Langbein, Kurt (2015): Landraub. Die globale Jagd nach Ackerland. Wals bei Salzburg: Ecowin Verlag bei Benevento Publishing.

Lateinamerika Nachrichten e.V. (Hrsg.) (2012): Suche nach Harmonie. Warum indigene Justiz weder gut noch böse ist. LN 457/458. Dossier 5. Juli/August 2012. Berlin: Hinkelsteindruck.

Lill, Felix (2016, März 12): Bolivien: Der Aufstieg der Indigenen. In: Die Presse. Print-Ausgabe. 13.03.2016. Online im Internet: URL: https://www.diepresse.com/4944929/bolivien-der-aufstieg-der-indigenen?utm_source=recommender&utm_medium=Packages (Zugriff am 24.01.2022).

Lutz, Ronald (2021): Vom Süden lernen? Eine kritische Rezeption indigenen Denkens. In: Fischer, Jörg; Tuider, Elisabeth (Hrsg.) (2021): Sozialer Zusammenhalt. 4. Sonderband Sozialmagazin. Weinheim: Beltz Juventa. S. 168-186.

Maron, Nicole (2018): Das gallische Dorf von Alto Beni. Indigene Gemeinde wehrt sich gegen geplanten Staudamm. In: Lateinamerika Nachrichten e.V. (Hrsg.). Nummer 524. Februar 2018. Online im Internet: URL: https://lateinamerika-nachrichten.de/artikel/das-gallische-dorf-von-alto-boni/ (Zugriff am 21.01.2022).

Maron, Nicole (2017): Keine Unantastbarkeit für indigenes Territorium. Neue Auseinandersetzung um eine geplante Straße durch den bolivianischen Nationalpark TIPNIS. In: Lateinamerika Nachrichten e.V. (Hrsg.). Nummer 519/520. September/Oktober 2017. Online im Internet: URL: https://lateinamerika-nachrichten.de/artikel/keine-unantastbarkeit-fuer-indigenes-territorium/ (Zugriff am 21.01.2022).

Meier, Eva-Christina (2020, Aug. 26): Preisträgerin der Goethe-Medaille 2020. „Bolivien ist divers". In: taz (Hrsg.). Online im Internet: URL: https://taz.de/Preistraegerin-der-Goethe-Medaille-2020/!5703320/ (Zugriff am 21.01.2022).

Montenegro Nägele, Fabian (2021, Jan. 24): Bildung in Bolivien. In: Bolivianisches Kinderhilfswerk e.V. (Hrsg.). Online im Internet: URL: https://www.bkhw.org/2021/01/24/bildung-in-bolivien/ (Zugriff am 18.01.2022).

Narayan, Deepa (1995): Designing Community Based Development. Note No. 4. In: Environment Department Paper No.007. June 1995. Washington, D.C.: Social Development Department of the World Bank.

Nilles, Bern; Then, Christoph (2003, Mai): Biopiraterie: Raub der Vielfalt. Patent auf Mais für die Firma DuPont. In: Greenpeace e. V. (Hrsg.). Hamburg. Online im Internet: URL: https://www.greenpeace.de/biodiversitaet/landwirtschaft/oekologische-landwirtschaft/biopiraterie-raub-vielfalt (Zugriff am 19.03.2022).

Obrecht, Werner (2009): Was braucht der Mensch? Umrisse einer biopsychosoziokulturellen Theorie menschlicher Bedürfnisse und ihre Bedeutung für eine erklärende Theorie sozialer Probleme. Niederwil, (Wattwil): Zürcher Hochschule für Angewandte Wissenschaften. Departement Soziale Arbeit.

von Paczensky, Gert (2000): Verbrechen im Namen Christi. Mission und Kolonialismus. Gen. Sonderausg. München: Orbis Verlag Publizistik.

Pongratz, Serena (2016, Dez. 28): Bildungssystem in Bolivien hat sich stark verbessert. In: amerika21. Nachrichten und Analysen aus Lateinamerika (Hrsg.). Online im Internet: URL: https://amerika21.de/2016/12/166544/bildung-bolivien-verbesserung (Zugriff am 18.01.2022).

Riebe, Thomas (2001): Sozialarbeit in der Entwicklungszusammenarbeit mit Lateinamerika – zu Situation und Aussichten mit Beispiel in Bolivien. Diplomarbeit. Dortmund: Fachhochschule Dortmund.

Riegler, Anna (2016): Anerkennende Beziehung in der Sozialen Arbeit. Ein Beitrag zu sozialer Gerechtigkeit zwischen Anspruch und Wirklichkeit. Wiesbaden: Springer Fachmedien.

Rothenberger, Stella (2021): Indigene Soziale Arbeit. Kulturadäquate Ansätze einer lokalen Nichtstaatlichen Organisation in Sierra Leone. Frankfurt am Main: Campus Verlag GmbH.

Schümer-Struchsberg, Monica (1984): Frauenblicke auf Stadtveränderung. Kreuzberger Hefte 9. Berlin. S. 123.

Schwarzbauer, Annette (2004): Indígena und Politik im Andenraum: Bolivien. In: KAS-Auslandsinformation (Hrsg.). Online im Internet: URL: https://www.kas.de/documents/252038/253252/7_dokument_dok_pdf_6083_1.pdf/63c d03b3-c490-3a99-10bb-b5e2ec743447?version=1.0&t=1539666242181 (Zugriff am 19.01.2022).

Seufert, Jonas; Marcel, Siepmann (2021, Aug. 21): Geplante „Maya"-Bahn durch Mexiko. Ein gefährlicher Zug. In: taz (Hrsg.). Online im Internet: URL: https://taz.de/Geplante-Maya-Bahn-durch-Mexiko/!5791061/ (26.01.2022).

Spatscheck, Christian; Steckelberg, Claudia (Hrsg.) (2018): Menschenrechte und Soziale Arbeit. Konzeptionelle Grundlagen, Gestaltungsfelder und Umsetzung einer Realutopie. Opladen, Berlin und Toronto: Verlag Barbara Budrich.

SPIEGEL Politik (Hrsg.) (2022, März 23): Ronja Maltzahn. Fridays for Future lädt Musikerin wegen Dreadlocks von Demos aus. Online im Internet: URL: https://www.spiegel.de/politik/deutschland/fridays-for-future-laedt-musikerin-ronja-

[maltzahn-wegen-dreadlocks-von-demo-aus-a-631b6b83-9778-4a04-aa62-](maltzahn-wegen-dreadlocks-von-demo-aus-a-631b6b83-9778-4a04-aa62-e3b85e713520) (Zugriff am 25.03.2022).

Spitzer, Helmut (2019): Globale Herausforderungen und internationale Soziale Arbeit. In: Soziales Kapital (Hrsg.). Nr. 21 (2019). S. 42-58.

Solón, Pablo; u. a. (2018): Systemwandel. Alternativen zum globalen Kapitalismus. Wien, Berlin: mandelbaum *kritik & utopie*.

Staeuble, Irmingard (2010): Indigenisierung der Sozialwissenschaften: ein schwaches Echo antikolonialer Befreiungsvisionen. In: Psychologie & Gesellschaftskritik (Hrsg.). 34 (2). S. 9-31. Online im Internet: URL: https://nbn-resolving.org/urn:nbn:de:0168-ssoar-387095 (Zugriff am 15.12.2021).

Staub-Bernasconi, Silvia (2019): Menschenwürde – Menschenrechte – Soziale Arbeit. Die Menschenrechte vom Kopf auf die Füße gestellt. Opladen, Berlin und Toronto: Verlag Barbara Budrich.

Staub-Bernasconi, Silvia (2007): Soziale Arbeit als Handlungswissenschaft. Systemtheoretische Grundlagen und professionelle Praxis – Ein Lehrbuch. Mainz: Haupt Berne.

Straub, Ute; Rott, Gerhard; Lutz, Ronald (Hrsg.) (2020): Sozialarbeit des Südens. Band 8. Indigenous and Local Knowledge in Social Work. Oldenburg: Paulo Freire Verlag.

Ströbele-Gregor, Juliana (2006, Dez. 8): Indigene Emanzipations-Bewegungen in Lateinamerika. In: Bundeszentrale für politische Bildung (Hrsg.). Bonn. Online im Internet: URL: https://www.bpb.de/apuz/29319/indigene-emanzipationsbewegungen-in-lateinamerika (Zugriff am 13.01.2022).

Tann, Simone (2019, März 11): Auf einen grünen Zweig kommen mit Environmental Social Work? Zur praktischen Umsetzung einer ökozentrischen Sozialen Arbeit. Master-Thesis im Studiengang Soziale Arbeit (M.A.). Band 1. Technische Hochschule Nürnberg: Fakultät für Sozialwissenschaften.

THERAPIERBAR Vorarlberg (Hrsg.) (2021/22): THERAPIERBAR-Magazin. Issue No. 3. 2021/22. Gratis, aber nicht umsonst. Lustenau: Buchdruckerei Lustenau GmbH.

Treibel, Annette (1999): Migration in modernen Gesellschaften. Soziale Folgen von Einwanderung, Gastarbeit und Flucht. 2., völlig neubearb. und erw. Aufl. Weinheim; München: Juventa Verlag.

United Nations (2007): United Nations Declaration on the Rights of Indigenous Peoples.

Wagner, Leonie; Lutz, Ronald; Rehklau, Christine; Ross, Friso (Hrsg.) (2018): Handbuch Internationale Soziale Arbeit. Dimensionen – Konflikte – Positionen. Weinheim und Basel: Beltz Juventa.

Wojczenko, Katharina (2021, Okt. 5): Wasserversorgung in Bolivien. Kampf ohne Sieger. In: taz (Hrsg.). Online im Internet: URL: https://taz.de/Wasserversorgung-in-Bolivien/!5805284/ (Zugriff am 19.01.2022).

Anhang

Ein Katalog von biologischen, psychischen und sozialen menschlichen Bedürfnissen nach Werner Obrecht[224]

Biologische Bedürfnisse

1. Nach physischer Integrität
2. Nach den für die Autopoiese (Reproduktion des Organismus) erforderlichen Austauschstoffen
   1. Verdaubare Biomasse (Stoffwechsel)
   2. Wasser (Flüssigkeitsgehalt)
   3. Sauerstoff (Gasaustausch)
3. nach Regenerierung
4. nach sexueller Aktivität und nach Fortpflanzung

Biopsychische Bedürfnisse

5. nach wahrnehmungsgerechter sensorischer Stimulation
   a) Gravitation
   b) Schall
   c) Licht
   d) Taktile Reize (sensorische Bedürfnisse)
6. Nach schönen Formen in spezifischen Bereichen des Erlebens
7. Nach Abwechslung/Stimulation
8. Nach assimilierbarer orientierungs- und handlungsrelevanter Information
   a) Nach Information
   b) Nach einem kognitiven Code zur Assimilation verfügbarer Information
9. Nach subjektiv relevanten (affektiv besetzten) Zielen und Hoffnungen auf Erfüllung
10. Nach effektiven Fertigkeiten (Skills), Regeln und (sozialen) Normen zur Bewältigung von (wiederkehrenden) Situationen in Abhängigkeit der subjektiv relevanten Ziele

---

[224] Obrecht (2009), S. 27

Biopsychosoziale Bedürfnisse

11. Nach emotionaler Zuwendung

12. Nach spontaner Hilfe

13. Nach sozial(kulturell)er Zugehörigkeit (Mitgliedschaft) durch Teilnahme

14. Nach Unverwechselbarkeit („Identität")

15. Nach (relativer) Autonomie

16. Nach Kooperation

17. Nach Fairness (Verfahrensgerechtigkeit)

18. Nach sozialer Anerkennung (Status, Rang)

19. Nach (Austausch-)Gerechtigkeit

Indigene Soziale Arbeit

Analyse am Beispiel einer nationalen Nichtregierungsorganisation (NGO) in Bolivien

Indigenous Social Work

Analysis using the example of a national Non-Governmental Organization (NGO) in Bolivia

Exzerpt der Bachelorarbeit im Studiengang Soziale Arbeit

Fachhochschule Vorarlberg GmbH

Ausgeführt von

Marlene Bachem

Dornbirn, im März 2022

Inhaltsverzeichnis

1. Einleitung

Die Verfasserin dieses Exzerpts absolvierte ihr Berufspraktikum im Rahmen des Studiengangs Soziale Arbeit an der Fachhochschule Vorarlberg von Oktober 2021 bis Februar 2022 in Cochabamba, eines der großen urbanen Zentren Boliviens. Ihre Praktikumsstelle war die **nationale Nichtregierungsorganisation (NGO) ‚Instituto para el Desarrollo Humano' (IDH –** Institut für menschliche Entwicklung)[1]. Das IDH setzt sich im Sinne der Einhaltung der Menschenrechte gegen die gesellschaftliche Stigmatisierung von Menschen, die mit HIV leben ein und bietet ihnen Beratung, Unterstützung und Behandlung an. Außerdem ist das multiprofessionelle Team von IDH in den Bereichen Gewaltprävention, Menschenhandel und Jugendpädagogik tätig. Zu all diesen Themen betreibt IDH Öffentlichkeitsarbeit und Bewusstseinsbildung.[2]

Mit dem Ausspruch einer Sozialarbeitspionierin: **„„Was soll das Gerede von Brüderlichkeit** (Schwesterlichkeit, StB) und Gleichheit, wenn man kein Recht hat, diese Rede in der **Hilfsbeziehung umzusetzen?" (Jane Addams 1902)"**[3] resümiert die Autorin ihre Überlegungen zur Beschreibung der Ausgangslage und leitet zum Kernpunkt der Bachelorarbeit über, welcher in der Beantwortung ihrer wissenschaftlichen Fragestellung liegt:

Wie kann eine Nichtregierungsorganisation (NGO) aus Perspektive Sozialer Arbeit mit(-hilfe) ihrer (ihr eigenen) Arbeitsweise und Professionsethik zur Verbesserung der Lebensverhältnisse indigener Bevölkerung beitragen, welche Mandate erfüllt sie dabei und wie können indigene Bevölkerungsgruppen erreicht werden?

2. Ausgangslage

Hintergrund und somit Ausgangspunkt dieser komplexen Fragestellung sind zum einen berufliche und persönliche Erfahrungen, die bereits vor, aber insbesondere während des Aufenthaltes in Bolivien gemacht wurden und zum anderen führte das jahrelange politische Interesse der Autorin zur Auftragsklärung der Internationalen Sozialen Arbeit (ISA). Der Fokus liegt dabei auf den weltweit auftretenden Sozialen Problemen, die die Erfüllung der Allgemeinen Erklärung der Menschenrechte (AEMR) von 1948 entweder verhindern oder Menschenrechte verletzen. In Bezug auf indigene Völker zeichnen sich spezifische Soziale Probleme als nicht endende Folgen der Kolonialisierung, Missionierung und ökonomischen Ausbeutung ab. Die literarische Recherche und Analyse zur Perspektive und dem Auftrag einer ISA, die sich an der AEMR orientiert und Indigenität miteinbezieht, zeigte zahlreiche Diskurse, aber auch Unsicherheiten und professionelle Dilemmata hinsichtlich einer gelingenden beruflichen Praxis in einer Indigenen Sozialen Arbeit, denn „[…]„**Indigenous Peoples represent the unfinished business of decolonization"** (Gray/Webb 2013, S. 7)."[4]. Daraus folgt die Überprüfung ethischer Grundsätze einer Indigenen ISA im historischen und aktuellen Kontext. Die kritische Hinterfragung der Begriffe Entwicklungshilfe und -

---

[1] Webseite: Online im Internet: URL: https://www.idhbolivia.org/ (Zugriff am 21.01.2022)
[2] Vgl. INTERSOL (Hrsg.) (o. D.)
[3] Staub-Bernasconi, Silvia (2019), S. 83
[4] Graßhoff, Gunther; Homfeldt, Hans Günther; Schröer, Wolfgang (2016), S. 61-62

1

zusammenarbeit, die dem neokapitalistischen und -kolonialistischen Denken verhaftet bleiben, wird dargestellt.

Eine ‚Wissenschaft des Südens' bezogen auf Soziale Probleme, welche in einer Indigenen Sozialen Arbeit auftreten, benötigt aus Sicht der Verfasserin somit zwingend den Sozialen Dialog, um globale, nationale und lokale Probleme zu erkennen und auf der individuellen, gemeinschaftlichen sowie nationalen und internationalen Ebene Lösungswege zu finden.[5] Zur Darstellung der Veränderungsmöglichkeiten und der zwingend notwendigen Lösungsstrategien weltweit wird in der Bachelorarbeit der Begriff des Globalen Sozialen Dialogs (GSD) von der Autorin verwendet, angewandt und weitergeführt. Die Beschreibung der Ausgangslage in Bolivien führt zur differenzierten Sichtweise auf äußerst prekäre Lebensverhältnisse indigener Menschen, wie beispielsweise Verlust der Indigenität, Landraub[6] und Landflucht, Verlust von indigenem Lebensraum,[7] Leben an den ungünstigsten Orten der Welt,[8] Zunahme (gewalttätiger) politischer Konflikte,[9] Ausgrenzung und Marginalisierung indigener Bevölkerungsgruppen[10] sowie die Kontroverse um die Universalität der AEMR[11]. Diese Erkenntnis lässt sich leicht auf andere Länder weltweit übertragen.

3. Zentrale Fragestellung

Zur Beantwortung ihrer wissenschaftlichen Fragestellung wird diese von der Autorin in ihre Teilfragen gegliedert und bei der Analyse von IDH und anderen Praxisbeispielen mit relevanten Unterfragen erweitert, deren Aspekte sich aus dem theoretischen Überbau der Bachelorarbeit ergeben.

Inwieweit wird indigenes Wissen in der dargestellten NGO (IDH) genutzt und inwieweit wird dort Indigenität überhaupt berücksichtigt? Was bedeutet das für eine Implementierung und Umsetzung (Indigener) Sozialer Arbeit? Was ist die Rolle und der Auftrag hierbei an die (Indigene) Soziale Arbeit oder NGO? Was sind die Herausforderungen dabei für die (Indigene) Soziale Arbeit oder NGO? Was bedeutet ‚indigenes Wissen' in der globalen Definition Sozialer Arbeit? Welche Anteile indigener Lebensweisen können für die (Indigene) Soziale Arbeit fruchtbar gemacht werden und inwieweit können Ansätze (europäischer) Sozialer Arbeit verwendet werden? Welche Dilemmata entstehen aus der AEMR sowie aus der UNDRIP und des lokalen Gewohnheitsrechts[12]?

Neben anderen notwendigen Begriffsexplikationen wird insbesondere die Begrifflichkeit ‚Indigenität' und ihre vielfältigen relevanten Aspekte für eine Indigene Soziale Arbeit thematisiert. „Der Begriff „Indigene Völker" („indigenous peoples") wurde erstmals 1986 vom UN-Sonderberichterstatter José Martínez-Cobo verwendet und bedeutet in etwa „in ein Land

---

[5] Vgl. Wagner, Leonie; Lutz, Ronald; Rehklau, Christine; Ross, Friso (Hrsg.) (2018), S. 268-270
[6] Land Grabbing; „globale Jagd auf Ackerland" (Langbein 2015, Klappentext); „die Auswirkungen dieses Beutezugs zeichnen das bestürzende Bild eines modernen Kolonialismus" (Langbein 2015, Klappentext)
[7] Vgl. Maron, Nicole (2018)
[8] Vgl. Andert, Mareike (2022)
[9] Vgl. Maron, Nicole (2017)
[10] Vgl. Ebert, Matthias (2021)
[11] Vgl. Spatscheck, Christian; Steckelberg, Claudia (Hrsg.) (2018), S. 179-190
[12] Rechtssystem indigener Völker; Vgl. Lateinamerika Nachrichten e.V. (Hrsg.) (2012)

geboren". Eine völkerrechtlich verbindliche Definition gibt es nicht. Als indigene Völker werden meist die Nachfahren der Erstbewohnerinnen und -bewohner einer Region bezeichnet, welche das gegenwärtige Territorium eines Landes bereits bewohnten, bevor Menschen mit einer anderen Kultur oder aus anderen Teilen der Welt dort ankamen."[13] Indigenes Volk wird verstanden als eine Menge von indigenen Menschen, die in einer Gemeinschaft sprachlich und kulturell miteinander verbunden sind und sich als indigen definieren. Die Bezeichnung Indigenität wird in dieser Bachelorarbeit als die Identität indigener Menschen verstanden. Indigenes Wissen ist die Summe aller Erfahrungen früherer und heutiger Generationen, die mündlich überliefert, durch Bräuche, Rituale, Symbole, Handwerk und Kunst, sowie Arbeitsweisen weitergegeben und erhalten werden. Indigenes Wissen, welches im Gegensatz zum rationalisierten, logischen und überprüfbaren Wissensverständnis der europäischen und nordamerikanischen Welt steht, wurde im Zuge der Kolonialisierung und Missionierung unterdrückt und ‚gelöscht'. Aufgrund des gegenwärtigen Eurozentrismus, auf den die Autorin in ihrer Bachelorarbeit im Besonderen eingeht, gelten im globalen Wissensdiskurs indigenes Wissen und Indigenität immer noch ‚nichts'. Ein weiterer wichtiger Teil indigener Lebenswelten sind lokale Gewohnheitsrechte und die sich massiv unterscheidenden Lebenskonzepte indigener Menschen. In diesem Zuge wird auch auf indigene Lebensphilosophien, wie Buen Vivir[14] aus Südamerika[15] oder Ubuntu aus Südafrika[16] eingegangen.

4. Vorgehen

Der von der Autorin selbst festgelegte theoretische Überbau der Bachelorarbeit, unterteilt in Mikro-, Meso- und Makroebene, bezieht sich im Sinne eines ‚Daches' auf die menschenrechtsorientierte Handlungstheorie Silvia Staub-Bernasconis (2007, 2019) und die globale Definition Sozialer Arbeit von 2014. Erweiternd hierzu bezieht sich die Verfasserin auf die Befreiungspädagogik Paulo Freires (1973), die den unabdingbaren Sozialen Dialog zwischen ‚Schüler und Lehrer' umkehrt,[17] womit Freire als Vorreiter des GSD gelten kann. Aus der Arbeit von Silvia Staub-Bernasconi filtert die Autorin Aspekte heraus und stellt diese in den Zusammenhang ihrer Forschungsfrage. Jene sind: politisches Mandat, Tripelmandat, berufsethisches Mandat, globale (Verteilungs-)Gerechtigkeit sowie Behinderungs- und Begrenzungsmacht. Ebenso vorgestellt werden die sich daraus ergebenden praxisorientierten Handlungsstrategien, wie Partizipation und Empowerment als Instrumente im GSD, die Einhaltung der AEMR und die Realutopie auf eine globale gerechte Machtverteilung, der Ansatz des Bottom Up und Top Down, das Community-based Development (CBD)[18] sowie Effektivität, Nachhaltigkeit und Vernetzung, im Sinne einer Ressourcenorientierung. Dienliche theoretische Konzepte, wie die Biopsychosoziokulturelle Bedürfnistheorie Werner Obrechts (2009) sowie die Lebensweltorientierte Soziale Arbeit nach Hans Thiersch (2012) werden nur gestreift. Die indigene Kosmovision Buen Vivir jedoch wird für die Soziale Arbeit fruchtbar gemacht und die Gesellschaftsphilosophie Ubuntu für das Verständnis indigener

---

[13] Bundeszentrale für politische Bildung (Hrsg.) (2019, Aug. 5)
[14] Gutes Leben, übersetzt von der Autorin
[15] Vgl. Sólon, Pablo; u. a. (2018), S. 24-70
[16] Vgl. Straub, Ute; Rott, Gerhard; Lutz, Ronald (Hrsg.) (2020), S. 159-172
[17] Freire, Paulo (1973), S. 11,15; Flöck, Jens (2010), S. 23-25
[18] Vgl. Narayan, Deepa (1995)

Lebensperspektiven miteinbezogen. Der theoretische Rahmen ergibt sich aus den drei Hauptmethoden Sozialer Arbeit, der Gemeinwesenarbeit, der Gruppenpädagogik und der Einzel(fall)hilfe.

5. Erkenntnisse

„Um systemische Alternativen zu schmieden, müssen sich all diese Ideen und viele weitere gegenseitig ergänzen. Sich zu komplementieren bedeutet, sich zu vervollständigen, sich zu verbinden, um ein Ganzes zu bilden, das der Vielschichtigkeit des Problems, vor dem wir stehen angemessen ist. Es bedeutet, voneinander zu lernen, die eigenen Vorstellungen aus der Perspektive der anderen zu betrachten, die Stärken der anderen zu entdecken, die gemeinsamen Schwächen und Leerstellen zu erkunden und vor allem darüber nachzudenken, wie durch gegenseitiges Ergänzen eine weitergehende Alternative entstehen kann. Ziel dieser Komplementarität der Vorstellungen ist nicht die Entwicklung einer einzigen Alternative, sondern eines Geflechts vielfacher systemischer Alternativen. Die Vielfalt der Realitäten, die auf unserem Planeten interagieren, erfordert vielfältige systemische Alternativen. [...]. Hauptziel [...] ist es, einen konstruktiven und kreativen Dialog zwischen diesen verschiedenen Visionen in Gang zu bringen."[19]

Diese Bachelorarbeit reduziert sich nicht auf die Bearbeitung eines Sozialen Problems mithilfe einer als passend erscheinenden Methode oder Theorie, sondern basiert auf der Analyse verschiedener Aspekte, wie einer Organisations-, Theorie- und Literaturanalyse. Vor diesem Hintergrund erfolgte die Analyse praktischer Erfahrungen. Der Wert dieser Arbeit liegt in der Zusammenführung jener Analysen zu einem praktischen Denkmodell, woraus sich eine gelingende Profession bzw. Disziplin Indigener Sozialer Arbeit ergibt. Im Entstehungsprozess stellte sich der Verfasserin fortlaufend die Frage inwieweit und ob überhaupt eine umfassende Darstellung der lokalen, nationalen und internationalen Indigenen Sozialen Arbeit anhand weniger Beispiele möglich ist, ohne den Rahmen dieser Arbeit zu sprengen. Die ausgewählten Aspekte bewertet sie dennoch als geeignet, um die Vielschichtigkeit, Tiefe und Komplexität Indigener Sozialer Arbeit und ihrer Herausforderungen darzustellen. Die oben genannte Zusammenführung wirft die Fragen auf: „**Wie soll all' dies zu schaffen sein? Welche Aufgaben und praxisnahen Konzepte, welche Vergewisserung ergibt sich für die sozialarbeiterische Fachkraft?**".

Die Beantwortung ergibt sich hier aus der Zusammenführung der oben dargestellten Problematik, der noch offenen Fragen sowie den bisherigen Überlegungen hinsichtlich einer nachhaltigen Indigenen Sozialen Arbeit. Als Beantwortung der wissenschaftlichen Fragestellung dient gleichzeitig der ausgeführte theoretische Überbau im sowie persönliche Erfahrungen aus dem vorgestellten Praxisbereich in einer NGO, die Indigene ISA und der ethischen Dilemmata. Eine Indigene Soziale Arbeit bedarf auf der Mikro-, Meso- und Makroebene einer sehr genauen, wertfreien und gleichberechtigten Auftragsklärung, die sich auf das Wissen, die Wertevorstellungen und Ziele des Gegenübers einlässt, sie mit den eigenen ethischen Grundsätzen in Verbindung bringt und persönliche Haltungen aufzeigt. Erst

---

[19] Solón, Pablo; u. a. (2018), S. 22

auf Basis des überfälligen GSD können sich theoretische Ausrichtungen für die Praxis Indigener Sozialer Arbeit ergeben. Um die Überwindung der gedanklichen Grenzen zu erleichtern, konzeptualisiert die Autorin in ihrem Fazit ein selbst erarbeitetes Denkmodell einer Indigenen Sozialen Arbeit, welches universell einsetzbar ist.

Innerhalb einer (I)NGO sollten die MitarbeiterInnen im Sinne von Multiprofessionalität ausgesucht werden. Der überwiegende MitarbeiterInnenanteil sollte jedoch aus Professionellen der Sozialen Arbeit bestehen. Eine (I)NGO und ihr Team sollten zum Erreichen indigener Bevölkerungsgruppen und dem GSD in der Lage sein sprachliche Barrieren zu überwinden. Die MitarbeiterInnen dieser (I)NGO, zwingend auch SozialarbeiterInnen, müssen über eine gefestigte Vorstellung ihrer eigenen Profession, den damit verbundenen Verantwortlichkeiten und Mandaten verfügen, da Indigene Soziale Arbeit immer politisch ist und sein muss und mit zahlreichen ethischen Dilemmata verbunden ist. Bezüglich ihrer Mandate und der gegenseitigen Interaktion ist es zwingend notwendig sich selbst und auch gegenüber den Betroffenen und anderen Beteiligten transparent und überprüfbar zu präsentieren und die eigene Rolle immer wieder zu hinterfragen. Auf globaler Ebene ergibt sich für INGOs die Verantwortung sich dafür einzusetzen, dass die AEMR sowie die bisher unverbindliche UNDRIP von allen Staaten dieser Welt verbindlich und rechtlich einklagbar, anerkannt und umgesetzt wird. Es gilt entsprechende juristische Überwachungsorgane zu schaffen und die Zugangsbarrieren Rechte überhaupt einzuklagen generell zu senken.

Die Relevanz der Regionalität einer NGO für die Nachhaltigkeit und Effektivität ihrer Interventionen ergibt sich aus der Lebensweltorientierung Hans Thierschs (2012) und der Befreiungsidee Paulo Freires (1973). Außerdem kann eine lokale NGO, da sie meist selbst Teil indigener Gesellschaften ist, viel eher auf die Dichte und die Eigenheiten indigener Kommunen eingehen, ist schon im Wissen von indigenem Wissen und kann auf Basis der Communities[20] Hilfe zur Selbsthilfe mit den passenden Ansätzen und Methoden praktizieren. In Bezug auf die Frage, wie indigene Bevölkerungsgruppen überhaupt erreicht werden können, ist zu nennen, dass die Vorurteile und berechtigten Sorgen indigener Menschen im GSD mit einer lokalen NGO ihres Kulturkreises viel geringer ausfallen werden bzw. würden. Der sozialarbeiterische Versuch zur Verbesserung indigener Lebensverhältnisse beizutragen bezieht sich somit immer auf die oben dargestellten Inhalte der vorgefundenen Ressourcen, des GSD, des politischen Widerstands, des Empowerments im Sinne von ‚zu helfen, um letztendlich nicht mehr gebraucht zu werden', der Stärkung von Identität und Eigenverantwortlichkeit, der Anregung gemeinschaftlicher Zukunftsprozesse und somit der gemeinsamen nachhaltigen Lösungen auf allen Ebenen auf Augenhöhe zu einem Sozialen Problem.

---

[20] Lokale bzw. indigene Gemeinschaften, frei übersetzt von der Autorin

Literaturverzeichnis

Andert, Mareike (2022, Jan. 10): Umweltrassismus in Deutschland. Sinti-Siedlung neben Müllhalde. In: taz (Hrsg.). Berlin. Online im Internet: URL: https://taz.de/Umweltrassismus-in-Deutschland/!5823791/ (Zugriff am 21.01.2022).

Bundeszentrale für politische Bildung (Hrsg.) (2019, Aug. 5): UN-Tag der indigenen Bevölkerungen. Bonn. Online im Internet: URL: https://www.bpb.de/politik/hintergrund-aktuell/142194/indigene-bevoelkerungen (Zugriff am 13.01.2022).

Ebert, Matthias (2021, März 09): Indigene Bolivianerinnen. "Imillas" skaten Vorurteilen davon. In: Tagesschau (Hrsg.). Rio de Janeiro, Cochabamba: ARD-Studio. Online im Internet: URL: https://www.tagesschau.de/ausland/amerika/skaterinnen-bolivien-101.html (Zugriff am 24.01.2022).

Flöck, Jens (2010): Die Befreiungspädagogik Paulo Freires und ihre Übertragbarkeit auf die soziale Arbeit in Deutschland und Europa. Diplomarbeit. Norderstedt: GRIN Verlag GmbH.

Freire, Paulo (1973): Pädagogik der Unterdrückten. Bildung als Praxis der Freiheit. 95.-97. Tausend September 1993. Reinbek bei Hamburg: Rowohlt Taschenbuch Verlag GmbH.

Graßhoff, Gunther; Homfeldt, Hans Günther; Schröer, Wolfgang (2016): Internationale Soziale Arbeit. Grenzüberschreitende Verflechtungen, globale Herausforderungen und transnationale Perspektiven. Weinheim und Basel: Beltz Juventa.

Grundwald, Klaus; Köngeter, Stefan; Thiersch, Hans (2012): Lebensweltorientierte Soziale Arbeit. In: Thole, W. (Hrsg.) (2012): Grundriss Soziale Arbeit. Wiesbaden: VS Verlag für Sozialwissenschaften. S. 175-196.

INTERSOL (Hrsg.) (o. D.): IDH – Instituto de Desarollo Humano. Online im Internet: URL: https://www.intersol.at/kooperationen/laender/bolivien/idh/ (Zugriff am 18.01.2022).

Langbein, Kurt (2015): Landraub. Die globale Jagd nach Ackerland. Wals bei Salzburg: Ecowin Verlag bei Benevento Publishing.

Lateinamerika Nachrichten e.V. (Hrsg.) (2012): Suche nach Harmonie. Warum indigene Justiz weder gut noch böse ist. LN 457/458. Dossier 5. Juli/August 2012. Berlin: Hinkelsteindruck.

Maron, Nicole (2018): Das gallische Dorf von Alto Beni. Indigene Gemeinde wehrt sich gegen geplanten Staudamm. In: Lateinamerika Nachrichten e.V. (Hrsg.). Nummer 524. Februar 2018. Online im Internet: URL: https://lateinamerika-nachrichten.de/artikel/das-gallische-dorf-von-alto-boni/ (Zugriff am 21.01.2022).

Maron, Nicole (2017): Keine Unantastbarkeit für indigenes Territorium. Neue Auseinandersetzung um eine geplante Straße durch den bolivianischen Nationalpark TIPNIS. In: Lateinamerika Nachrichten e.V. (Hrsg.). Nummer 519/520. September/Oktober 2017.

Online im Internet: URL: https://lateinamerika-nachrichten.de/artikel/keine-unantastbarkeit-fuer-indigenes-territorium/ (Zugriff am 21.01.2022).

Narayan, Deepa (1995): Designing Community Based Development. Note No. 4. In: Environment Department Paper No.007. June 1995. Washington, D.C.: Social Development Department of the World Bank.

Obrecht, Werner (2009): Was braucht der Mensch? Umrisse einer biopsychosoziokulturellen Theorie menschlicher Bedürfnisse und ihre Bedeutung für eine erklärende Theorie sozialer Probleme. Niederwil; (Wattwil): Zürcher Hochschule für Angewandte Wissenschaften. Departement Soziale Arbeit.

Rothenberger, Stella (2021): Indigene Soziale Arbeit. Kulturadäquate Ansätze einer lokalen Nichtstaatlichen Organisation in Sierra Leone. Frankfurt am Main: Campus Verlag GmbH.

Spatscheck, Christian; Steckelberg, Claudia (Hrsg.) (2018): Menschenrechte und Soziale Arbeit. Konzeptionelle Grundlagen, Gestaltungsfelder und Umsetzung einer Realutopie. Opladen, Berlin und Toronto: Verlag Barbara Budrich.

Solón, Pablo; u. a. (2018): Systemwandel. Alternativen zum globalen Kapitalismus. Wien, Berlin: mandelbaum *kritik & utopie*.

Staub-Bernasconi, Silvia (2019): Menschenwürde – Menschenrechte – Soziale Arbeit. Die Menschenrechte vom Kopf auf die Füße gestellt. Opladen, Berlin und Toronto: Verlag Barbara Budrich.

Straub, Ute; Rott, Gerhard; Lutz, Ronald (Hrsg.) (2020): Sozialarbeit des Südens. Band 8. Indigenous and Local Knowledge in Social Work. Oldenburg: Paulo Freire Verlag.

United Nations (Hrsg.) (2007): United Nations Declaration on the Rights of Indigenous Peoples.

Wagner, Leonie; Lutz, Ronald; Rehklau, Christine; Ross, Friso (Hrsg.) (2018): Handbuch Internationale Soziale Arbeit. Dimensionen – Konflikte – Positionen. Weinheim und Basel: Beltz Juventa.

Indigene Soziale Arbeit

Analyse am Beispiel einer nationalen Nichtregierungsorganisation (NGO) in Bolivien

Disposition

Fachhochschule Vorarlberg GmbH

Bachelor Soziale Arbeit Vollzeit

Vorgelegt von
Marlene Bachem

Cochabamba, den 30.01.2022

Inhaltsverzeichnis

1. Themenstellung

Durch mein Berufspraktikum im Institut für menschliche Entwicklung (IDH – Instituto para el Desarrollo Humano[1]) in Cochabamba, Bolivien und die plurinationale bolivianische Bevölkerungszusammensetzung stieß ich auf eine breite indigene Bevölkerung. Für weitere statistische Ausführungen hierzu verweise ich auf das Kapitel 2. Dabei machte ich die Erfahrung, dass Methoden und Handlungskompetenzen der europäischen Sozialen Arbeit, wie ich sie in meinem Studium erlerne, nicht oder nur sehr selten oder zu kleinen Teilen, anwendbar sind. Allerdings gibt es in der bolivianischen Sozialen Arbeit, wenn überhaupt vorfindbar, z.B. in nationalen NGOs wie dem IDH, kaum Theorieentwicklung und Methodenbildung; außerdem existieren wenige, hinzukommend unzureichend erforschte und evaluierte, in sich schlüssige Ansätze indigener Sozialer Arbeit. Aus diesem Grund möchte ich mit meinem ausgewählten Thema einen Beitrag zu der Idee einer internationalen indigenen, und auch nachhaltigeren, Sozialen Arbeit, die auch Grenzen, biopsychosoziokulturelle, nationale und weitere, überwindet, leisten.

Auf meinen Ausflügen, ob nun mit MitarbeiterInnen des IDH oder allein, konnte ich ausschließlich indigene Bettel- bzw. Obdachlosenkinder auf der Straße beobachten. Weiters wurde mir durch meine stummen Beobachtungen der tägliche Kampf ums Überleben indigener Menschen bewusst, so auf dem Markt, im Straßenhandel, als Schuh- oder AutoscheibenputzerInnen, auf und in den kaum abgesicherten Baustellen und Minen, auf und in denen auch arbeitende Kinder zu sehen waren, sowie in den ärmlichen Behausungen auf dem Land. Das Soziale Problem der Armut, als einer der Gegenstandsbereiche Sozialer Arbeit, ist in Bolivien sehr vielschichtig, weswegen ich darauf gesondert in Kapitel 2 eingehen werde. Weitere Soziale Probleme indigener Bevölkerungsgruppen zeichneten sich schnell ab, so die fehlende Partizipation im alltäglichen Gesellschaftsleben bis hin zur Marginalisierung, sei es aufgrund beiderseits unzureichender Sprachkenntnisse auf (sozialen) Ämtern, der erschwerte Zugang zur Bildung, zum Beispiel durch fehlenden Internetzugang auf dem Land, sofern überhaupt Strom vorhanden ist, der erschwerte Zugang zu Gerichten oder anderen rechtlichen Instanzen und dem Gesundheitswesen sowie kultureller Teilnahme. An dieser Stelle ist jedoch darauf hinzuweisen, dass es viele indigene (unterstützende) Vereinigungen in Bolivien gibt, die meisten indigenen Menschen seit jeher ein breites politisches Bewusstsein besitzen und sich aktiv, beispielsweise über Demonstrationen oder Straßensperren (bloqueos) für die Veränderung ihrer Stellung in der Mehrheitsgesellschaft einsetzen.[2] Zusätzlich ist sich bewusst zu machen, dass für sie eine „andere Art des Lebens", spiritueller und sich abgrenzend vom Kapitalismus und westlicher Neokolonialisierung, überlebenswichtig ist.[3] Allerdings spaltet sich auch die indigene Bevölkerung in jene, die in den Städten leben und dort den Anschluss an die

---

[1] Webseite: Online im Internet: URL: https://www.idhbolivia.org/ (Zugriff am 21.01.2022)
[2] Vgl. z.B. Ströbele-Gregor, Juliana (2006)
[3] Vgl. z.B. Abé, Nicola (2021)

1

Moderne suchen und andere, die nach den Bräuchen ihrer Vorfahren das Land bewirtschaften.

„"Soziale Arbeit ist immer politisch, so oder so. Man muss sich entscheiden, wem man dienen will." (AKS – **Arbeitskreis Kritische Soziale Arbeit Berlin**)"[4]

Mit diesem Zitat möchte ich in die Disposition meiner Bachelorarbeit einsteigen, denn indigene, internationale und nachhaltige Soziale Arbeit ist immer auch politische Arbeit, da es neben Verstehen und Begreifen der Lebenswelten und Bewältigungsstrategien der indigenen Bevölkerungsgruppen zwingend um die Veränderung und Verbesserung von Nachwirkungen der transnationalen und lokalen Menschheitsgeschichte, globalen Macht- und Lebensverhältnissen geht.

2. Beschreibung der Ausgangslage

Wie in Kapitel 1 erwähnt, möchte ich nun die Ausgangslage, an der Soziale Arbeit ansetzt, anhand statistischer Zahlen und sozialwissenschaftlicher Beschreibungen ausführlicher darstellen. So sind 2019 20 Prozent der BolivianerInnen als indigen erfasst, 70 weitere Prozent werden als MestizInnen gezählt, 1 Prozent als AfroamerikanerInnen und 4 Prozent sind anderer Herkunft. Somit sind lediglich 5 Prozent der bolivianischen Bevölkerung sogenannte „Weiße", das bedeutet mit „westlichem" Hintergrund.[5] Allerdings lassen sich keine verlässlichen statistischen Zahlen benennen, da es erstens darauf ankommt, ob sich MestizInnen als indigen identifizieren und zweitens nicht bekannt ist, wonach in Umfragen gefragt wird. Das heißt, geht es nun um die eigene Identifikation oder die biologische Abstammung? So sprechen Quellen ab 2002 bis heute von 60 bis 70 Prozent indigener Bevölkerung in Bolivien[6] und meinen damit „Nachfahren der Urbevölkerung, überwiegend der Aymara und Quechua[7]."[8] Hierbei werden eben auch MestizInnen miteinbezogen. Außerdem wird vom nationalen Statistikinstitut (Instituto Nacional de Estadística) die Aufteilung in die verschiedenen Ethnien nicht getroffen.[9]

Bolivien ist ein Land der Gegensätze, etwa 60 Prozent der BolivianerInnen leben unterhalb der Armutsgrenze und sogar circa 25 Prozent leben in extremer Armut.[10] Aufgrund der sehr unterschiedlichen geografischen, sprich klimatischen Verhältnisse im Land und der großen Spanne von Arm und Reich zwischen der ruralen und urbanen Bevölkerung finden sich Armutsverhältnisse besonders in lokalen Bevölkerungsgruppen, somit überwiegend der indigenen Bevölkerung. Zudem lassen sich weitere Soziale Probleme konstatieren, wie die tiefschneidenden Auswirkungen

---

[4] Staub-Bernasconi, Silvia (2019), S. 83

[5] Vgl. Albiston, Isabel; Grosberg, Michael; Johanson, Mark (2019), S. 321

[6] Vgl. z.B. Schwarzbauer, Annette (2004), S. 79

[7] Die Aymara und Quechua sind die größten, unter 36 indigenen Bevölkerungsgruppen im Estado Plurinacional de Bolivia (Plurinationaler Staat Bolivien). (Vgl. Albiston, Isabel; Grosberg, Michael; Johanson, Mark (2019), S. 321)

[8] Bolivien.de (Hrsg.) (o. D.)

[9] Vgl. Instituto Nacional de Estadística (Hrsg.) (o. D.)

[10] Vgl. Bolivien.de (Hrsg.) (o. D.)

des globalen Klimawandels, sich zeigend in massiven Überschwemmungen und Dürren, sowie gewaltigen Erosionen infolge von Rodungen und Abholzungen, dem Raubabbau der immensen Bodenschätze Boliviens, meist von internationalen neoliberalistischen Konzernen in undurchsichtigen Kooperationen mit der dünnen reichen Oberschicht Boliviens, der hohen Staatsverschuldung des Landes, insbesondere gegenüber den Vereinigten Staaten (USA), der maroden und sozial ungerecht verteilten Strom- und Wasserversorgung sowie Ausbeutung und Verschmutzung des Grundwassers[11]. Zudem bestehen hohe sprachliche Barrieren auf beiden Seiten, zwischen Institutionen/Organisationen und Indigenen, sowie, ganz aktuell, die Auswirkungen der rechtlichen Reglementierungen aufgrund der Coronapandemie.

3. Wissenschaftliche Fragestellung

„"Was soll das Gerede von Brüderlichkeit (Schwesterlichkeit, StB) und Gleichheit, wenn man kein Recht hat, diese Rede in der Hilfsbeziehung umzusetzen?" (Jane Addams 1902)"[12]

Wir als Weltgesellschaft tragen alle miteinander, ob nun als Mitglieder der Ersten, Zweiten, Dritten oder Vierten Welt, die Verantwortung die Erfüllung der (universalen) Menschenrechte für ein jedes Individuum sicherzustellen und uns für eine globale (Verteilungs-)Gerechtigkeit einzusetzen. Im Besonderen die Soziale Arbeit, ob als Disziplin oder Profession, und über die Grenzen der eigenen nationalen, sozialen, kulturellen oder historischen Zugehörigkeiten hinaus, steht im Sinne ihrer Professionsethik, hervorzuheben hier die Allgemeine Erklärung der Menschenrechte der Vereinten Nationen von 1948 (AEMR) sowie die Ergänzungen und Veränderungen dieser Menschenrechte durch die, teilweise kontroversen, afrikanische Banjul-Charta der Menschenrechte und Rechte der Völker von 1981 und weitere arabische, islamische Erklärungen von 1990 und 1994 sowie asiatische Menschenrechtserklärungen von 2012[13], und der internationalen Definition Sozialer Arbeit vom IFSW (International Federation of Social Workers) von 2014 für: „"[…] eine praxisbasierte Profession und eine akademische Disziplin, die sozialen Wandel und Entwicklung, sozialen Zusammenhalt, Empowerment, und die Befreiung von Menschen fördert. Prinzipien sozialer Gerechtigkeit, Menschenrechte, kollektive Verantwortlichkeit und Respekt für Diversität sind zentral für die Soziale Arbeit. **Untermauert […] durch Theorien Sozialer Arbeit, Sozial- und Humanwissenschaften sowie indigenes Wissen, engagiert Soziale Arbeit Menschen und Strukturen […]."** […]."[14] Vor diesem Hintergrund, die vorgefundene Ausgangslage in Bolivien und die der Sozialen Arbeit eigenen Ethik und Praxis, komme ich zu meiner wissenschaftlichen Fragestellung.

---

[11] Vgl. z.B. Wojczenko, Katharina (2021)
[12] Staub-Bernasconi, Silvia (2019), S. 83
[13] Vgl. Staub-Bernasconi, Silvia (2019), S. 120
[14] Spatschek, Christian; Steckelberg, Claudia (Hrsg.) (2018), S. 181

Inwieweit kann eine Nichtregierungsorganisation (NGO) aus Perspektive Sozialer Arbeit mit(-hilfe) ihrer (ihr eigenen) Arbeitsweise und Professionsethik zur Verbesserung der Lebensverhältnisse indigener Bevölkerung beitragen, welche Mandate erfüllt sie dabei und wie können indigene Bevölkerungsgruppen erreicht werden?

Dabei werde ich mich in meiner Bachelorarbeit nicht nur auf Bolivien und die nationale NGO IDH, sondern auch auf Beispiele aus anderen lateinamerikanischen Ländern wie Brasilien, Kolumbien, usw., sowie auf Afrika, Asien und weitere internationale Beispiele beziehen, da die Probleme dieser Länder und Kontinente infolge der Kolonialisierung und die Existenz indigener Bevölkerung häufig übereinstimmen. Weitere Gründe für diese Ausweitung sind: die Notwendigkeit eines universellen, aber gleichzeitig auf lokale Begebenheiten anpassbaren Konzeptes indigener Sozialer Arbeit, die Neokolonialisierung in Forschung und Lehre sowie das Fehlen nationaler wissenschaftlicher Daten und sozialwissenschaftlicher Curricula als zwingende Grundlage für die Disziplin (Theorie), Profession (Praxis) und Ethik (Menschenwürde) Sozialer Arbeit. Der Ruf im Sinne einer globalen (Verteilungs-)Gerechtigkeit nach bedingt die Ausweitung der bisherigen (nationalen) Perspektive Sozialer Arbeit auf politische, ökonomische und ökologische Aspekte[15]. Dabei werde ich ausgehend von meiner Berufspraktikumsstelle und den dort erlebten Erfahrungen und Beobachtungen auf die Arbeitsweise von IDH eingehen, um eine Praxis indigener Sozialer Arbeit darzustellen und auf dieser Grundlage weitere Vorschläge entwickeln, eben auch im Sinne einer allgemeingültigen Sozialen Arbeit mit indigenen Bevölkerungsgruppen weltweit; im besten Falle nutzbar für andere lokale und nationale NGOs. Darauf werde ich in Kapitel 4 näher eingehen.

Die sich in Bezug auf meine wissenschaftliche Fragestellung und der Arbeitsweise des IDH ergebenden Analyse stelle ich mir folgende Fragen, aus denen sich im Weiteren die Begriffsexplikationen für meine Bachelorarbeit herauskristallisieren. Inwieweit wird Indigenität überhaupt berücksichtigt; bezogen auf das Erreichen der angestrebten Ziele durch ihre Interventionen? Inwieweit wird indigenes Wissen im IDH genutzt? Was bedeutet das für eine Implementierung und Umsetzung (indigener) Sozialer Arbeit? Was ist die Rolle und der Auftrag hierbei an die (indigene) Soziale Arbeit/NGO? Was sind die Herausforderung dabei für die (indigene) Soziale Arbeit/NGO? Zu dieser Frage werde ich folgende Überlegungen bearbeiten und begrifflich bestimmen. Was **bedeutet „indigenes Wissen"** in der globalen Definition Sozialer Arbeit? Welche Anteile indigener Lebensweisen können für die (indigene) Soziale Arbeit fruchtbar gemacht werden und inwieweit können Ansätze (europäischer) Sozialer Arbeit verwendet werden? Welche Dilemmata entstehen aus der AEMR sowie aus der rechtlich, unverbindlichen Deklaration der Rechte indigener Völker (UNDRIP – United Nations Declaration on the Rights of Indigenous Peoples) der Vereinten Nationen von 2007 und des lokalen Gewohnheitsrechts[16]?

---

[15] Vgl. Spitzer, Helmut (2019), S. 44-46
[16] Vgl. z.B. Lateinamerika Nachrichten e.V. (Hrsg.) (2012)

Mein theoretischer Überbau ergibt sich aus der Theorie der Sozialen Arbeit als Handlungswissenschaft von Silvia Staub-Bernasconi (2007), ohne diese im Ganzen auszuführen, sondern mir nur folgende Aspekte herauszupicken: das von ihr verfochtene Tripelmandat, im Besonderen das politische Mandat, die globale (Verteilungs-)Gerechtigkeit, eingehend auf die von ihr konstatierte globale Machtverteilung, ihre Ausführungen zur AEMR[17] sowie ihre Kritik an der globalen Definition der Sozialen Arbeit des IFSW von 2014[18]. Des Weiteren beziehe ich mich auf den sozialarbeiterischen Ansatz der Lebensweltorientierung[19] von Hans Thiersch, da er vor allem in der Praxis indigener Sozialer Arbeit passend erscheint. Der nötige Dialog zwischen (indigener) Sozialer Arbeit und Indigenität/Indigenem Wissen lässt sich mithilfe der von Paulo Freire entwickelten Befreiungspädagogik[20] argumentieren und den daraus resultierenden sozialarbeiterischen Methoden der Bewusstseinsbildung und der Bildungsarbeit. Aus der universalgültigen biopsychosoziokulturellen Bedürfnistheorie[21] Werner Obrechts für ein jedes Individuum ergeben sich die oben bereits genannten rechtlichen Aspekte. Außerdem werden diverse indigene Lebensansätze, wie beispielsweise das Buen Vivir aus Südamerika[22] oder Ubuntu aus Südafrika[23], thematisiert. Aus den oben genannten Theorien sowie meinen Erfahrungen im Praxisfeld ergeben sich folgende sozialarbeiterische Methoden für eine indigene Soziale Arbeit: Einzelfallhilfe mit der daraus resultierenden systemischen Beratung, sozialer Gruppenarbeit mithilfe von z.B. Phenomenon-based Learning[24] und Familienkonferenzen (abstammend von Aborigine Gemeinden)[25], weiterführend zur Gemeinwesenarbeit durch das Community-based Development[26], dem bottom-up Ansatz[27], der aktivierenden Befragung[28], dem „Schneeballsystem" im Sinne einer Multiplikation und, zusätzlich dazu Erhebungen statistischer Daten, Evaluationen sowie Reflexionen zur Qualitätssicherung und Vernetzung auf nationaler und internationaler Ebene. Die Leitgedanken bei all diesen Methoden sind Partizipation, Empowerment und Ressourcenorientierung. Unbedingt zu berücksichtigen ist die Bedeutung der Religionen, nicht nur der gängigen Konfessionen, und gelebter Spiritualität für eine indigene Soziale Arbeit, um eine „Atmosphäre des Dialogs"[29] zu schaffen. Hierfür sind außerdem historische Aufarbeitungen, hervorzuheben hier die (Neo-)Kolonialisierung und Dekolonialisierung, vor allem in der Sozialen Arbeit mit indigenen Bevölkerungsgruppen nicht hinwegzudenken. Mein theoretischer und praktischer Überbau stützt sich auf die Mikro-, Meso- und Makroebene. Mein abschließender

---

[17] Vgl. Staub-Bernasconi, Silvia (2019), S. 101-126
[18] Vgl. Spatscheck, Christian; Steckelberg, Claudia (Hrsg.) (2018), S. 179-190
[19] Vgl. Grundwald, Klaus; Köngeter, Stefan; Thiersch, Hans (2012)
[20] Vgl. Freire, Paulo (1973) und Flöck, Jens (2010)
[21] Vgl. Obrecht, Werner (2009)
[22] Vgl. Spatscheck, Christian; Steckelberg, Claudia (Hrsg.) (2018), S. 114
[23] Vgl. Straub, Ute; Rott, Gerhard; Lutz, Ronald (Hrsg.) (2020), S. 159-176
[24] Vgl. z.B. Drew, Chris (2020)
[25] Vgl. Spatscheck, Christian; Steckelberg, Claudia (Hrsg.) (2018), S. 110
[26] Vgl. z.B. Narayan, Deepa (1995)
[27] Vgl. z.B. Rothenberger, Stella (2021), S. 183-186
[28] Nach Saul David Alinsky (2003)
[29] Straub, Ute; Rott, Gerhard; Lutz, Ronald (Hrsg.) (2020), S. 100

Versuch einer Konzeptualisierung indigener Sozialer Arbeit baut auf die Beiträge verschiedener AutorInnen, sowie der oben genannten auf.

4. Bezug zum Handlungsfeld

Aufgrund der in Kapitel 1 und 2 dargestellten Bevölkerungszusammensetzung müssen NGOs und Soziale Dienste immer mit Indigenen arbeiten. Ob sie das nun explizit benennen oder nicht. So gibt es bei IDH weder Theorien noch Handlungsstrategien für die Arbeit mit indigenen Bevölkerungsgruppen. Leider gibt es auch nur einen Mitarbeiter, der fließend Quechua spricht und auf indigenes Wissen zurückgreifen und dies umsetzen kann. Außerdem ist die Profession Soziale Arbeit nicht vertreten, jedoch ist hier anzumerken, dass neben ÄrztInnen, PsychologInnen und PolitikwissenschaftlerInnen überwiegend comunicadores sociales (frei übersetzt als SozialkommunikatorInnen[30]) im IDH tätig sind und die meisten Aufgaben, die sich einer Sozialen Arbeit stellen, übernehmen. Unter all ihren AdressatInnen, seien es von Gewalt betroffene Frauen, Jugendliche in der Bildungsarbeit, Menschen, welche mit HIV leben oder sich im Stadium von AIDS befinden, sowie KlientInnen, deren Menschenrechte (Orientierung hierbei ist die AEMR) missachtet werden, und andere Zielgruppen[31], lässt sich immer Klientel mit indigenem Hintergrund vorfinden. Meiner Ansicht nach fehlt ein indigenes Konzept Sozialer Arbeit und die Profession Soziale Arbeit generell im IDH, weswegen ich mich unter anderem auch für vorliegendes Thema meiner Bachelorarbeit entschieden habe.

5. Inhaltlicher Aufbau der Bachelorarbeit

Ausgehend von meinen Überlegungen in Kapitel 3 ergibt sich ein Teil der Gliederung meiner Bachelorarbeit. Diese stellt sich vorläufig folgendermaßen dar:

1. Einleitung [1 Seite]
2. Beschreibung der Ausgangslage [3 Seiten]
   2.1 Relevanter historischer Kontext für indigene Soziale Arbeit am Beispiel Boliviens
   2.2 Erweiterung der Perspektive auf Länder weltweit mit indigener Bevölkerung
3. Wissenschaftliche Fragestellung [3 Seiten]
   3.1 Begriffsexplikationen
4. Erläuterung des theoretischen Überbaus [7 Seiten]
5. Analyse der NGO IDH [8 Seiten]
   5.1 Empowerment und Partizipation indigener Menschen – Mobilisierung von Ressourcen
   5.2 Methoden zur Erreichung der indigenen Bevölkerung am Beispiel von IDH und anderen NGOs
   5.3 Indigene Soziale Arbeit – nachhaltige Interventionen als bleibende Verbesserung
6. Internationale Praxis indigener Sozialer Arbeit [8 Seiten]

---

[30] Im Wörterbuch nicht auffindbar, weswegen ich meine eigene Übersetzung verwende.
[31] Vgl. z.B. INTERSOL (Hrsg.) (o. D.)

6. Vorläufiges Literaturverzeichnis

Abé, Nicola (2021, Nov. 8): **Welternährung und Klimakrise. „Wir können sehr viel von indigenen Menschen lernen".** Sao Paulo: SPIEGEL (Hrsg.). Online im Internet: URL: https://www.spiegel.de/ausland/welternaehrung-und-klima-krise-wie-indigene-voelker-der-menschheit-helfen-koennen-a-b264d960-2d98-44ff-98c3-9ae2e21fcfc6 (Zugriff am 09.11.2021).

Albiston, Isabel; Grosberg, Michael; Johanson, Mark (2019): Bolivia. 10th edition – June 2019. China: Lonely Planet (ed.).

Barrow, Christine; de Bruin, Marjan; Carr, Robert (Hrsg.) (2009): Sexuality, Social Exclusion & Human Rights. Vulnerability in the Caribbean Context of HIV. Kingston and Miami: Ian Randle Publishers.

Baumann, Timothy (2004): Defining Ethnicity. In: The SAA Archaeological Record (Hg.). September 2004.

Bolivien.de (Hrsg.) (o. D.): Ethnien und Religion. Online im Internet: URL: https://bolivien.de/land-leute/ethnien-und-religion/ (Zugriff am 19.01.2022).

Bundeszentrale für politische Bildung (Hrsg.) (2019, Aug. 5): UN-Tag der indigenen Bevölkerungen. Bonn. Online im Internet: URL: https://www.bpb.de/politik/hintergrund-aktuell/142194/indigene-bevoelkerungen (Zugriff am 13.01.2022).

Drew, Chris (2020): What is Finland's phenomenon-based Learning approach? In: Australian Council for Educational Research (Hrsg.) (2021). Online im Internet: URL: https://www.teachermagazine.com/au_en/articles/what-is-finlands-phenomenon-based-learning-approach (Zugriff am 28.01.2021).

Flöck, Jens (2010): Die Befreiungspädagogik Paulo Freires und ihre Übertragbarkeit auf die soziale Arbeit in Deutschland und Europa. Diplomarbeit. Norderstedt: GRIN Verlag GmbH.

Freire, Paulo (1973): Pädagogik der Unterdrückten. Bildung als Praxis der Freiheit. 95.-97. Tausend September 1993. Reinbek bei Hamburg: Rowohlt Taschenbuch Verlag GmbH.

Graßhoff, Gunther; Homfeldt, Hans Günther; Schröer, Wolfgang (2016): Internationale Soziale Arbeit. Grenzüberschreitende Verflechtungen, globale Herausforderungen und transnationale Perspektiven. Weinheim und Basel: Beltz Juventa.

Grundwald, Klaus; Köngeter, Stefan; Thiersch, Hans (2012): Lebensweltorientierte Soziale Arbeit. In: Thole, Werner (Hrsg.) (2012): Grundriss Soziale Arbeit. Wiesbaden: VS Verlag für Sozialwissenschaften. S. 175-196.

Huang, Yunong; Zhang, Xiong (2008): A reflection on the indigenization discourse in social work. In: International Social Work (Hrsg.). 51. August 2008. S. 611-622. Online im Internet: URL: A reflection on the indigenization discourse in social work - Huang Yunong, Zhang Xiong, 2008 (sagepub.com) (Zugriff am 15.12.2021).

Humanium (Hrsg.) (o. D.): Die Kinder Boliviens. Die Verwirklichung von Kinderrechten in Bolivien. Online im Internet: URL: https://www.humanium.org/de/bolivien/ (Zugriff am 18.01.2022).

Instituto Nacional de Estadística (Hrsg.) (o. D.): Población y Hechos Vitales. Proyecciones de Población, Revisión 2020. Online im Internet: URL: https://www.ine.gob.bo/index.php/censos-y-proyecciones-de-poblacion-sociales/ (Zugriff am 19.01.2022).

INTERSOL (Hrsg.) (o. D.): IDH – Instituto de Desarollo Humano. Online im Internet: URL: https://www.intersol.at/kooperationen/laender/bolivien/idh/ (Zugriff am 18.01.2022).

Lateinamerika Nachrichten e.V. (Hrsg.) (2012): Suche nach Harmonie. Warum indigene Justiz weder gut noch böse ist. LN 457/458. Dossier 5. Juli/August 2012. Berlin: Hinkelsteindruck.

Lateinamerika Nachrichten e.V. (Hrsg.) (2020): Vivas nos queremos! Perspektiven auf und gegen patriarchale Gewalt. LN 558. Dossier 18. Dezember 2020. Berlin: Hinkelsteindruck.

Montenegro Nägele, Fabian (2021, Jan. 24): Bildung in Bolivien. In: Bolivianisches Kinderhilfswerk e.V. (Hrsg.). Online im Internet: URL: https://www.bkhw.org/2021/01/24/bildung-in-bolivien/ (Zugriff am 18.01.2022).

Narayan, Deepa (1995): Designing Community Based Development. Note No. 4. In: Environment Department Paper No.007. June 1995. Washington, D.C.: Social Development Department of the World Bank.

Obrecht, Werner (2009): Was braucht der Mensch? Umrisse einer biopsychosoziokulturellen Theorie menschlicher Bedürfnisse und ihre Bedeutung für eine erklärende Theorie sozialer Probleme. Niederwil; (Wattwil): Zürcher Hochschule für Angewandte Wissenschaften. Departement Soziale Arbeit.

Pongratz, Serena (2016, Dez. 28): Bildungssystem in Bolivien hat sich stark verbessert. In: amerika21. Nachrichten und Analysen aus Lateinamerika (Hrsg.). Online im Internet: URL: https://amerika21.de/2016/12/166544/bildung-bolivien-verbesserung (Zugriff am 18.01.2022).

Rothenberger, Stella (2021): Indigene Soziale Arbeit. Kulturadäquate Ansätze einer lokalen Nichtstaatlichen Organisation in Sierra Leone. Frankfurt am Main: Campus Verlag GmbH.

Schwarzbauer, Annette (2004): Indígena und Politik im Andenraum: Bolivien. In: KAS-Auslandsinformation (Hrsg.). Online im Internet: URL: https://www.kas.de/documents/252038/253252/7_dokument_dok_pdf_6083_1.pdf/63cd03b3-c490-3a99-10bb-b5e2ec743447?version=1.0&t=1539666242181 (Zugriff am 19.01.2022).

Spatscheck, Christian; Steckelberg, Claudia (Hrsg.) (2018): Menschenrechte und Soziale Arbeit. Konzeptionelle Grundlagen, Gestaltungsfelder und Umsetzung einer Realutopie. Opladen, Berlin und Toronto: Verlag Barbara Budrich.

Spitzer, Helmut (2019): Globale Herausforderungen und internationale Soziale Arbeit. In: Soziales Kapital (Hrsg.). Nr. 21 (2019). S. 42-58.

Staeuble, Irmingard (2010): Indigenisierung der Sozialwissenschaften: ein schwaches Echo antikolonialer Befreiungsvisionen. In: Psychologie & Gesellschaftskritik (Hrsg.). 34 (2). S. 9-31. Online im Internet: URL: https://nbn-resolving.org/urn:nbn:de:0168-ssoar-387095 (Zugriff am 15.12.2021).

Staub-Bernasconi, Silvia (2019): Menschenwürde – Menschenrechte – Soziale Arbeit. Die Menschenrechte vom Kopf auf die Füße gestellt. Opladen, Berlin und Toronto: Verlag Barbara Budrich.

Straub, Ute; Rott, Gerhard; Lutz, Ronald (Hrsg.) (2020): Sozialarbeit des Südens. Band 8. Indigenous and Local Knowledge in Social Work. Oldenburg: Paulo Freire Verlag.

Ströbele-Gregor, Juliana (2006, Dez. 8): Indigene Emanzipations-Bewegungen in Lateinamerika. In: Bundeszentrale für politische Bildung (Hrsg.). Bonn. Online im Internet: URL: https://www.bpb.de/apuz/29319/indigene-emanzipationsbewegungen-in-lateinamerika (Zugriff am 13.01.2022).

United Nations (Hrsg.) (2007): United Nations Declaration on the Rights of Indigenous Peoples.

Wagner, Leonie; Lutz, Ronald; Rehklau, Christine; Ross, Friso (Hrsg.) (2018): Handbuch Internationale Soziale Arbeit. Dimensionen – Konflikte – Positionen. Weinheim und Basel: Beltz Juventa.

Wojczenko, Katharina (2021, Okt. 5): Wasserversorgung in Bolivien. Kampf ohne Sieger. In: taz (Hrsg.). Online im Internet: URL: https://taz.de/Wasserversorgung-in-Bolivien/!5805284/ (Zugriff am 19.01.2022).

7. Zeitplan

Themenfindung & Auseinandersetzung mit den Lebensrealitäten in Bolivien	Anfang September 2021
Auswahl & Beschaffung geeigneter Literatur	Ende September 2021
Auseinandersetzung mit den AdressatInnen und Arbeitsweisen meines Berufspraktikums sowie bolivianischer indigener Bevölkerungsgruppen	Ab Oktober 2021
Fachliteratur lesen und sortieren; thematische Vertiefung	Ab Oktober 2021
Ausarbeitung der wissenschaftlichen Fragestellung und Ideensammlung	Anfang November 2021
Rücksprache mit meiner Bachelorbegleiterin zu wissenschaftlicher Fragestellung und weiterer Ideen und Überlegungen	09. November 2021
Festlegung der wissenschaftlichen Fragestellung	17. Januar 2022
Ausarbeitung der Disposition	17. Januar bis 27. Januar 2022
Besprechung meiner Disposition mit meiner Bachelorbegleiterin	28. Januar 2022
Verbesserung meiner Disposition	28. Januar bis 31. Januar 2022
Abgabe meiner Disposition	31. Januar 2022
Vertiefung und weitere Recherche von Literatur	Ab Dezember 2021
Erstellung meiner Bachelorarbeit	01. Februar bis 24. März 2022
Zwischenbesprechungstermin mit meiner Bachelorbegleiterin	Anfang März 2022
Übergabe meiner Bachelorarbeit an Dritte zur Probelesung und eventuelle Korrektur	24. März bis 29. März 2022
Verfassen eines Exzerpts über meine Bachelorarbeit inklusive eventueller Korrektur	25. März bis 30. März 2022
Abgabe meiner Bachelorarbeit und meines Exzerpts	31. März 2022

Literaturverzeichnis

Abé, **Nicola** (2021, Nov. 8): Welternährung und Klimakrise. „Wir können sehr viel von indigenen Menschen lernen". Sao Paulo: SPIEGEL (Hrsg.). Online im Internet: URL: https://www.spiegel.de/ausland/welternaehrung-und-klima-krise-wie-indigene-voelker-der-menschheit-helfen-koennen-a-b264d960-2d98-44ff-98c3-9ae2e21fcfc6 (Zugriff am 09.11.2021).

Albiston, Isabel; Grosberg, Michael; Johanson, Mark (2019): Bolivia. 10th edition – June 2019. China: Lonely Planet (ed.).

Bolivien.de (Hrsg.) (o. D.): Ethnien und Religion. Online im Internet: URL: https://bolivien.de/land-leute/ethnien-und-religion/ (Zugriff am 19.01.2022).

Drew, Chris (2020): What is Finland's phenomenon-based Learning approach? In: Australian Council for Educational Research (Hrsg.) (2021). Online im Internet: URL: https://www.teachermagazine.com/au_en/articles/what-is-finlands-phenomenon-based-learning-approach (Zugriff am 28.01.2021).

Flöck, Jens (2010): Die Befreiungspädagogik Paulo Freires und ihre Übertragbarkeit auf die soziale Arbeit in Deutschland und Europa. Diplomarbeit. Norderstedt: GRIN Verlag GmbH.

Freire, Paulo (1973): Pädagogik der Unterdrückten. Bildung als Praxis der Freiheit. 95.-97. Tausend September 1993. Reinbek bei Hamburg: Rowohlt Taschenbuch Verlag GmbH.

Grundwald, Klaus; Köngeter, Stefan; Thiersch, Hans (2012): Lebensweltorientierte Soziale Arbeit. In: Thole, Werner (Hrsg.) (2012): Grundriss Soziale Arbeit. Wiesbaden: VS Verlag für Sozialwissenschaften. S. 175-196.

Instituto Nacional de Estadística (Hrsg.) (o. D.): Población y Hechos Vitales. Proyecciones de Población, Revisión 2020. Online im Internet: URL: https://www.ine.gob.bo/index.php/censos-y-proyecciones-de-poblacion-sociales/ (Zugriff am 19.01.2022).

INTERSOL (Hrsg.) (o. D.): IDH – Instituto de Desarollo Humano. Online im Internet: URL: https://www.intersol.at/kooperationen/laender/bolivien/idh/ (Zugriff am 18.01.2022).

Lateinamerika Nachrichten e.V. (Hrsg.) (2012): Suche nach Harmonie. Warum indigene Justiz weder gut noch böse ist. LN 457/458. Dossier 5. Juli/August 2012. Berlin: Hinkelsteindruck.

Narayan, Deepa (1995): Designing Community Based Development. Note No. 4. In: Environment Department Paper No.007. June 1995. Washington, D.C.: Social Development Department of the World Bank.

Obrecht, Werner (2009): Was braucht der Mensch? Umrisse einer biopsychosoziokulturellen Theorie menschlicher Bedürfnisse und ihre Bedeutung für eine erklärende Theorie sozialer Probleme. Niederwil; (Wattwil): Zürcher Hochschule für Angewandte Wissenschaften. Departement Soziale Arbeit.

Rothenberger, Stella (2021): Indigene Soziale Arbeit. Kulturadäquate Ansätze einer lokalen Nichtstaatlichen Organisation in Sierra Leone. Frankfurt am Main: Campus Verlag GmbH.

Schwarzbauer, Annette (2004): Indígena und Politik im Andenraum: Bolivien. In: KAS-Auslandsinformation (Hrsg.). Online im Internet: URL: https://www.kas.de/documents/252038/253252/7_dokument_dok_pdf_6083_1.pdf/63cd03b3-c490-3a99-10bb-b5e2ec743447?version=1.0&t=1539666242181 (Zugriff am 19.01.2022).

Spatscheck, Christian; Steckelberg, Claudia (Hrsg.) (2018): Menschenrechte und Soziale Arbeit. Konzeptionelle Grundlagen, Gestaltungsfelder und Umsetzung einer Realutopie. Opladen, Berlin und Toronto: Verlag Barbara Budrich.

Spitzer, Helmut (2019): Globale Herausforderungen und internationale Soziale Arbeit. In: Soziales Kapital (Hrsg.). Nr. 21 (2019). S. 42-58.

Staub-Bernasconi, Silvia (2019): Menschenwürde – Menschenrechte – Soziale Arbeit. Die Menschenrechte vom Kopf auf die Füße gestellt. Opladen, Berlin und Toronto: Verlag Barbara Budrich.

Straub, Ute; Rott, Gerhard; Lutz, Ronald (Hrsg.) (2020): Sozialarbeit des Südens. Band 8. Indigenous and Local Knowledge in Social Work. Oldenburg: Paulo Freire Verlag.

Ströbele-Gregor, Juliana (2006, Dez. 8): Indigene Emanzipations-Bewegungen in Lateinamerika. In: Bundeszentrale für politische Bildung (Hrsg.). Bonn. Online im Internet: URL: https://www.bpb.de/apuz/29319/indigene-emanzipationsbewegungen-in-lateinamerika (Zugriff am 13.01.2022).

Wojczenko, Katharina (2021, Okt. 5): Wasserversorgung in Bolivien. Kampf ohne Sieger. In: taz (Hrsg.). Online im Internet: URL: https://taz.de/Wasserversorgung-in-Bolivien/!5805284/ (Zugriff am 19.01.2022).